일회성 구매자를 충성 고객으로!
도이 디는 고객 과리 실무 전략

Customer
Relationship Management
Marketing

#브랜드로열티 #영수자마케팅 #문자마케팅 #이메일마케팅 #챗봇
#유지관계관리

데이터로 말한다!

CRM 마케팅

이은영 지음

旧 한빛미디어
Hanbit Media, Inc.

기존 고객을 관리하고 유지하는 것은 매출 증대를 넘어 스타트업 성공에 필수적이다. 그리고 CRM 마케팅은 이를 달성하는 열쇠다. 이은영 저자는 전작『데이터로 말한다! 퍼포먼스 마케팅』에서 신규 고객을 확보하기 위한 전략을 안내했다. 그리고 이 책에서는 효과적인 고객 관리를 통해 고객을 유지하는 전략을 공개한다. 저자는 스타트업 창업자로서의 폭넓은 경험과 씨엔티테크의 스타트업 육성 멘토로서 얻은 통찰을 바탕으로 스타트업에 특화된 전문적이고 실용적인 솔루션을 제시한다. 또한 이론과 실무 경험을 통합하여 독자가 CRM을 완벽하게 이해하고 실제로 구현할 수 있게 돕는다. 고객 충성도를 높이고 비즈니스 전략을 강화하려는 스타트업 대표와 마케팅 담당자에게 이 책을 적극 추천한다.

_**전화성**, 씨엔티테크 대표, 한국액셀러레이터협회장

기업의 마케팅 활동은 일반적으로 고객획득을 위한 마케팅과 고객유지를 위한 마케팅으로 구분된다. 그리고 이 책은 고객유지를 위한 CRM 마케팅에 중점을 둔다. 이론 중심의 다른 CRM 관련 도서와 달리, 이 책은 기본 개념부터 CRM 마케팅 실행 방법, 캠페인 운영과 성과 분석 방법까지 다루어 마케터가 CRM 마케팅을 효과적으로 시행할 수 있도록 돕는다. 고객유지 전략을 강화하려는 마케터에게 매우 유용한 책이다.

_**전성률**, 서강대학교 경영대학원 경영학 교수

데이터로 말한다!

CRM 마케팅

데이터로 말한다! CRM 마케팅

일회성 구매자를 충성 고객으로! 돈이 되는 고객 관리 실무 전략

초판 1쇄 발행 2024년 6월 21일

지은이 이은영 / **펴낸이** 전태호
펴낸곳 한빛미디어(주) / **주소** 서울시 서대문구 연희로2길 62 한빛미디어(주) IT출판2부
전화 02-325-5544 / **팩스** 02-336-7124
등록 1999년 6월 24일 제25100-2017-000058호 / **ISBN** 979-11-6921-260-1   03320

총괄 송경석 / **책임편집** 홍성신 / **기획 · 편집** 김수민
디자인 최연희 / **전산편집** 다인
영업 김형진, 장경환, 조유미 / **마케팅** 박상용, 한종진, 이행은, 김선아, 고광일, 성화정, 김한솔 / **제작** 박성우, 김정우

이 책에 대한 의견이나 오탈자 및 잘못된 내용은 출판사 홈페이지나 아래 이메일로 알려주십시오.
파본은 구매처에서 교환하실 수 있습니다. 책값은 뒤표지에 표시되어 있습니다.
한빛미디어 홈페이지 www.hanbit.co.kr / 이메일 ask@hanbit.co.kr

지금 하지 않으면 할 수 없는 일이 있습니다.
책으로 펴내고 싶은 아이디어나 원고를 메일(writer@hanbit.co.kr)로 보내주세요.
한빛미디어(주)는 여러분의 소중한 경험과 지식을 기다리고 있습니다.

모든 마케터가 하는 고민의 출발점은 바로 고객이다. 고객이 존재하는 한 마케터의 고민은 계속된다. 고객이 통제 불가능한 변수라는 사실은 CRM 마케팅을 더욱 어렵게 만든다. 그러므로 고객과의 접점에서 시행착오를 거쳐 축적된 경험과 데이터는 단순 이론적인 접근보다 더 강력한 힘을 발휘할 수 있다. 그리고 이 책의 힘은 저자의 풍부한 실전 경험에 있다. 이 책은 단숨에 읽을 수 있을 만큼 쉽지만, 결코 가벼운 내용은 아니다. CRM 마케팅에 접근하는 방법과 실용적인 인사이트가 필요하다면 필독을 권한다. 이 책을 통해 CRM 마케팅을 어디서부터 어떻게 시작해야 하는지 이해할 수 있을 것이다.

_**황홍석**, KCC 커뮤니케이션 상무

이 책은 '고객유지'라는 도전적인 과제를 해결하기 위해 고군분투하는 이들에게 시원한 해결책을 제공한다. 마케팅 이론 지식과 실무 역량을 두루 갖춘 저자는 대기업과 중소기업을 오가며 다양한 경험을 쌓았고, 지난 8년간 스타트업을 직접 운영하며 퍼포먼스 마케팅과 CRM 마케팅의 본질인 고객 획득 그리고 고객유지에 집중했다. 저자는 옴니 채널을 넘나드는 고객을 기업의 테두리에 가두고 지속적으로 참여시켜, 고객 충성도를 이어가게 하는 데 탁월하다. 이 책은 오늘날의 매우 변덕스러운 고객군을 관리해야 하는 마케터에게 특히 도움이 될 것이다.

_**남강욱**, ACPC 부사장

오늘날 기업을 둘러싼 환경은 '강한 자가 살아남는 것이 아니라 살아남는 자가 강한 것'이라는 말이 사치스러울 만큼 급변하고 있다. 그리고 기업은 생존을 위해 새로운 환경에 적응할 것을 강요받고 있다. 전통 산업으로 여겨졌던 금융업마저 과거의 틀에서 벗어나 IT 기술을 기반으로 진화해야 하는 도전에 직면한 상황이다. 20년 가까이 마케팅 분야에 몸담았던 저자가 새롭게 말하는 CRM 마케팅에 관한 이 책은, 이러한 변화는 체감하나 방향을 잡지 못한 채 방황하고 있는 이들에게 이정표 역할을 한다. 끊임없이 변하는 소비자의 요구와 마케팅 관련 정보의 홍수 속에서 저자의 오랜 경험과 혜안이 담긴 이 책이 사막의 오아시스가 되기를 기대한다.

_오종욱, 제이피모간체이스은행 서울지점 대표

치열한 광고비 경쟁, 구글과 애플의 서드파티 쿠키 제한 등의 이슈로 인해 신규 고객을 유입하는 것이 점점 어려워지고 있다. 이에 따라 많은 기업에서 신규 고객 확보보다는 기존 고객 관리와 고객별 맞춤형 마케팅 전략에 주력하고 있다. 이처럼 CRM 마케팅의 필요성과 중요성은 더욱 부각되고 있지만 전문 자료를 찾기는 어려운 상황이다. 이런 시점에 이은영 저자의 신작 출간은 더없이 반가운 소식이다. 이 책은 CRM 마케팅 기본 개념부터 실무 활용법까지 상세하게 다루어 초보자도 쉽게 접근할 수 있다. 요즘 마케터들은 기업이 생존하려면 단골, 그 이상의 팬을 만들어야 한다고 푸념하기도 한다. 이 책을 통해 더 많은 기업이 효과적인 CRM 마케팅 전략을 설계하여 고객 관리뿐 아니라 진정한 팬덤을 확보하길 바란다.

_**권영미**, 아이보스 교육운영팀장

방송 업계에서도 고객획득과 고객유지는 매우 어려운 과제다. 이번 주에 우리 TV 프로그램을 본 시청자가 다음 주에 다시 시청할 거라는 보장은 없다. 더욱이 방송은 이제 대중매체 TV 중심의 브로드캐스팅broadcasting에서 한정된 시청자를 대상으로 전문 프로그램을 협송하는 내로캐스팅narrowcasting으로 진화하며 멀티플랫폼으로 변모했다. 이에 시청자들은 지상파, 케이블, IPTV 등의 채널로 분산됐고 대다수가 OTT 플랫폼으로 이탈해버렸다. 결과적으로 방송사가 시청자를 끌어들이고 지속적으로 유지하는 것이 더욱 어려워졌다. 이런 상황에서 이 책은 저자의 실제 경험은 물론, 번뜩이는 인사이트를 제공해 30년 동안 방송계에 몸담은 나에게도 큰 도움이 되었다. 점점 복잡해지고 다양해지는 비즈니스 환경에서의 고객 관리를 고민하는 모든 이에게 이 책을 추천한다.

_**김정환**, KBS PD & 공영미디어연구소 연구위원

민간 경영연구소에 근무한 지 20년이 되어가는 요즘, 인공지능(AI)의 엄청
난 발전으로 인해 연구원이라는 직업의 본질에 대한 고민이 점점 깊어지고
있다. 챗GPT가 처음 등장했을 때는 연구원의 기본 업무인 조사, 분석, 유
형화, 시사점 도출까지 못하는 일이 없는 것처럼 보였다. 이로 인해 연구원
은 무엇을 하는 사람이어야 하는지, 직업에 대한 위기의식까지 느낄 정도였
다. 그러나 이제는 더 이상 두렵지 않다. 인간만이 할 수 있는 고유한 영역
이 있다는 점을 믿기 때문이다. 다년간 축적된 다양한 경험과 생각을 압축
하여 새로운 지식으로 만들어내는 것은 AI가 결코 대체할 수 없는 인간 고
유의 능력이다.

그리고 이 책은 이러한 믿음을 증명한다. CRM 마케팅이 왜 다시 중요해지
고 있는지, AI 기술이 CRM 마케팅 실무에 어떻게 쓰이는지에 대한 현장감
있는 통찰을 제공한다. 특히 각 장의 마지막에서 제공하는 꿀팁은 실무를
경험한 자로서 말할 수 있는 중요한 포인트다. 고객과의 장기적인 관계를
유지하길 원한다면 이 책을 반드시 읽기 바란다.

_**민세주**, 포스코경영연구원 수석연구원

고객 유치를 위해 수십에서 수백억 원의 자본을 마케팅에 투자하더라도 고객이 재구매하거나 회원제를 연장하지 않으면, 회사는 손실을 보게 되고 다시 막대한 마케팅 비용을 지출해야 할 수밖에 없다. 내가 이 책을 읽고 싶었던 이유 역시 회원 유치를 위한 큰 노력에도 불구하고 회원들의 재가입률과 재구매율이 낮은 경우가 많기 때문이다. 고객을 유치하기 위한 마케팅에 많은 자본과 인력을 반복적으로 투입해도 일단 떠나버린 고객을 다시 확보하기는 어렵고, 이는 큰 손실로 이어진다.

이 책은 고객유지에 중점을 두어 재구매와 재가입을 유도하는 디지털 마케팅 기법을 소개한다. 문자 메시지, 채널톡 등 데이터를 활용한 고객 맞춤형 마케팅을 안내한다. 이 책을 통해 고객을 더 잘 이해하고 고객에게 더 나은 서비스를 제공하기 위해 데이터를 활용하는 방법을 다시 생각하기 시작했다. 이 책을 읽은 사람이라면 CRM 마케팅을 활용해 신규 고객 유치 비용을 절감하고, 한번 방문한 고객이 서비스를 오랫동안 이용하도록 독려하는 마케팅 활동을 계획 및 제안할 수 있을 것이다.

_김병규, 아이스크림에듀 AI연구소 연구원

경영컨설팅 회사를 창업한 지 1년이 지났다. 대표로서 나의 주요 관심은 항상 마케팅이었다. 사업 초기에는 퍼포먼스 마케팅에 집중할 계획이었으나, 그 실효성이 떨어지면서 시행 전부터 우려에 휩싸였다. 그리고 기존 고객과 잠재 고객을 모두 확보하는 방법을 고민한 끝에 CRM 마케팅이 답이라는 것을 깨달았다. 그러나 어디서부터 시작해야 할지, 무엇을 해야 할지 막막해하던 중, CRM 마케팅 전략 수립의 이론과 실무적 측면을 모두 안내하는 이 책을 만났다. 이는 나에게 큰 행운이었다. 이제는 주저 없이 전략을 세우고 CRM 마케팅을 시행할 수 있다는 자신감이 생겼다. CRM 마케팅이 어렵다는 편견을 극복하고 내 사업에 쉽게 적용할 수 있도록 도와준 이은영 저자에게 진심으로 감사 인사를 전하고 싶다.

_**김종현**, JHPartners consuting 대표

이 책은 점점 더 복잡해지고 경쟁이 치열해지는 온라인 비즈니스 환경에서 고객획득과 고객유지를 위한 접근 방식부터 구체적인 고객 관리 방법 그리고 저자의 경험에 근거한 마케팅 사례를 집중적으로 다룬다. 비즈니스를 준비하는 사람들이 CRM 마케팅의 개념을 이해하고 적용하는 것을 도와줄 것이다.

_**이영준**, 외국계 IT기업 실장

이 책은 급변하는 시장에서 살아남기 위해 꼭 읽어야 할 책이자, 우리의 비즈니스를 한 단계 성장시키기 위한 최고의 선택이다. 단순한 마케팅 기법을 넘어 고객과의 진정한 관계를 구축하기 위해 CRM의 본질을 꿰뚫는다. 특히 주목할 만한 부분은 개념 설명에 이어 실질적인 통찰을 제시하는 4장이다. 고객구매여정에 따른 캠페인과 지표 관리 노하우를 안내하고, 실행 가능한 계획에 대한 플레이북도 제공한다. 또한 부록에서는 '오늘의집' 기업 사례를 집중적으로 다루며 오늘의집의 AARRR 모델 전략을 실무자의 관점으로 체험해볼 수 있다.

마케터뿐만 아니라 고객 중심의 경영을 꿈꾸는 모든 이에게 이 책을 강력 추천한다. 이 책에서 고객과의 관계를 성공으로 이끄는 열쇠를 찾을 수 있을 것이다.

_정세영, ㈜DeepMaze 대표

이은영

서강대학교 사학과 졸업, 서울대학교 경영학 석사 및 서강대학교 경영학 박
사과정을 수료했다. 석박사과정에서는 마케팅, 브랜드 로열티를 중심으로
수학했다. 유진투자증권, KTB투자증권 등 금융권에서 사회생활을 시작한
이후 뉴미디어 분야에서 경험을 쌓다가 2017년에 아샤그룹을 창업해 현재
까지 운영하고 있다. 집필한 책으로는 『데이터로 말한다! 퍼포먼스 마케팅』
『스타트업 서바이벌』『투자자의 생각을 읽어라』가 있다.

- **이메일** vivian@achatsgroup.com
- **유튜브** youtube.com/c/마케돈
- **페이스북** facebook.com/arendt0130
- **브런치** brunch.co.kr/@vivitheone
- **홈페이지** www.leebrand.kr

이 책은 CRM 마케팅의 기초 방법부터 실무 전략까지 다룬다. 고객을 유지하기 위해 전략을 어떻게 세워야 하는지, 어떤 솔루션을 이용해야 하는지, 고객을 어떻게 분류하고 어떤 메시지를 어디로 송출하는 것이 효율적인지를 안내한다. 또한 CRM 마케팅을 통해 성장한 기업의 다양한 사례와 CRM 캠페인 전략 설계 방법을 공개한다.

아울러 이 책은 고객획득 방법을 다룬 도서 『데이터로 말한다! 퍼포먼스 마케팅』(한빛미디어, 2022)과 연계된다. 두 권의 책은 각각 고객획득과 고객유지 관점에서 연속성이 있으므로 마케터라면 순서에 상관없이 읽기 바란다. 이를 통해 고객을 획득하고 유지하기 위한 전체 방향을 그릴 수 있고 마케팅 전략을 통합적으로 설계하는 데 큰 도움을 얻을 수 있을 것이다.

이 책을 통해 알 수 있는 것

- CRM 마케팅 업무 범위

- CRM 마케팅 방향 설정을 위한 주요 성과지표

- CRM 마케팅을 위한 핵심 3요소

- CRM 마케팅의 다양한 채널 이해와 사례 분석

- 고객세그먼트에 따른 CRM 마케팅 이해

- AARRR 모델에 따른 CRM 캠페인 실행 방법

- CRM 캠페인 성과 분석

이 책의 구성

이 책은 총 네 개의 장과 부록으로 구성돼 있다. 1장부터 4장까지는 CRM 마케팅을 위한 기초 개념과 CRM 마케팅을 하기 위해 실전 전략을 세우고 실행하는 방법을 단계별로 이야기한다. 그리고 부록에서는 하나의 기업(오늘의집)을 선정해 고객구매여정에 따른 CRM 마케팅의 실무 사례를 상세히 살펴본다. 각 장에 대한 설명은 다음과 같다.

1장 CRM 마케팅 기초

CRM 마케팅이 디지털 마케팅에서 중요해진 이유, CRM 마케팅의 개념과 필요성, 현업에서 CRM 마케팅의 범위, CRM 마케팅을 하기 전 해야 하는 선행 작업을 다룬다. 이 장을 통해 CRM 마케팅의 개념과 업무 범위를 명확하게 파악하고 마케팅을 어떻게 시작할지 큰 그림을 그릴 수 있다.

2장 CRM 마케팅의 종류와 범위

CRM 마케팅을 하기 위해 필요한 개념인 고객구매여정과 이에 기반해 마케팅을 설계하는 방법을 안내한다. 또한 CRM 마케팅의 다양한 방법 중 온사이트 마케팅과 챗봇, 문자 마케팅, 앱푸시 마케팅, 이메일 마케팅을 알아보고 기업의 실제 CRM 마케팅 집행 사례와 다양한 전략을 익힌다.

3장 CRM 마케팅의 핵심

2장에서 CRM 마케팅의 다양한 방법을 다루었다면 3장에서는 CRM 마케팅을 진행하기에 앞서 반드시 알아야 하는 CRM의 3요소, 고객세그먼트의

3요소, 메시지의 3요소를 살펴본다. 이러한 기본 요소에 근거해 마케팅을 진행한 기업의 CRM 성공 사례를 통해 각 요소가 어떻게 활용되는지 살펴보고 CRM 캠페인을 세팅하기 위해 선행되어야 하는 작업을 이해한다.

4장 CRM 마케팅 실전

고객구매여정에 기반한 캠페인, 고객생애가치 증대를 위한 캠페인, 단골 고객을 위한 캠페인을 세팅하는 방법을 안내한다. 또한 캠페인의 결과 지표를 해석하고 전략을 세우는 방법을 알아보며 CRM 마케팅을 직접 수행할 수 있는 노하우를 익힌다.

부록 오늘의집 기업 사례

현업에서 고객유지를 위해 가장 많이 활용하는 AARRR 모델에 기반해 '오늘의집'을 분석한다. AARRR 모델은 고객의 획득-활성화-리텐션-추천-수익으로 이루어진 퍼널 단계를 의미하며, 이 퍼널로 오늘의집이 CRM 마케팅을 어떻게 전개하고 있는지 살펴본다. 독자는 이를 통해 CRM 마케팅을 구체적으로 실현하기 위한 아이디어를 얻을 수 있다.

통신의 발달과 디지털 마케팅 환경의 진화는 기업과 소비자 양측 모두에게 변화를 가져다주었다. 기업은 막연했던 광고 마케팅 전략을 더욱 구체적으로 세우고 데이터를 추적하며 관리하기 시작했고, 소비자는 예전보다 훨씬 많은 기업과 브랜드 정보를 획득하면서 주체적으로 소비하는 모습으로 변화했다. 기업과 소비자 모두 서로의 정보를 적극적으로 획득하며 이전과는 다른 관계를 맺고 있는 것이다.

오늘날 기업은 고객을 정의하고 고객이 무엇을 좋아하는지 분석하며 고객의 생애주기를 파악 및 관리한다. 그리고 소비자는 각종 SNS 채널을 통해 기업 정보를 획득하여 어떤 브랜드가 자신과 가장 잘 맞는지 확인하고 각종 혜택을 살피며 합리적으로 소비한다. 두 주체 모두 서로의 '정보'를 획득하고 '데이터'를 확인하고 있다.

지난 10년간 국내에서는 데이터를 중심으로 하는 다양한 퍼포먼스 마케팅 활동이 이루어져왔다. 당시 현업에서는 소비자가 브랜드를 인지하고 브랜드에 흥미를 느껴 구매하는 전체 과정을 '퍼널'이라는 단계로 구분 짓고, 각 단계에 따라 퍼널 마케팅을 하는 것이 대세였다. 이러한 마케팅은 모두 고객을 획득하기 위한 활동으로 신규 고객을 모아 구매까지 유도하는 데 그 목적을 두었다.

그러나 정교한 타깃 고객에 대한 마케팅과 ROASreturn on ad spend(광고구매전환율)를 기반으로 강점을 보였던 퍼널 기반 마케팅, 그중에서도 퍼포먼스 마케팅은 지난 2~3년간 큰 타격을 입고 있다. 그 이유는 치열한 기업 간의 경쟁으로 인해 CACcustomer acquisition cost(고객획득비용)가 증가했고 애플, 구글과 같은 빅테크 기업이 서드파티third-party 데이터 수집을 제한했기 때문이다. 이러한 배경 속에서 '고객획득'에만 중점을 두던 기업들은 좀 더 확장적으로 사고하기 시작했다. 즉, 고객획득 이후 단계인 '고객유지' 측면에서의 관리 필요성을 느끼게 된 것이다. 바로 이 지점이 CRMcustomer relation management(고객관계관리) 마케팅이 최근 대세로 떠오른 이유이며, CRM 마케팅을 통해 고객과의 장기적인 관계를 맺는 것이 여느 때보다 중요하다는 사실은 중론이 되었다.

많은 기업이 고객획득을 위한 퍼포먼스 마케팅과 고객유지를 위한 CRM 마케팅을 함께 활용하면서 지속적인 성장을 위해 노력하고 있다. 그리고 이에 발맞춰 수많은 CRM 솔루션 기업이 등장하면서 마케팅 기법 또한 진화하고 있다.

나는 지난 3년간 500여 개 스타트업의 마케팅 전략 컨설팅을 진행하며 기업 성장 단계에 따른 마케팅 현황과 현업에서 가장 필요로 하는 정보를 파악했다. 그리고 다양한 CRM 솔루션을 적용해보면서 전략 가설을 세우고 검증하며 데이터를 쌓았다. 그 결과 기업의 규모가 크든 작든 CRM 마케팅이 절실히 필요하다는 것을 깨달았다.

요즘 기업 담당자들을 만나면 하나같이 CRM을 말한다. 그만큼 기존 고객을 어떻게 관리하는지에 관한 고민이 많다는 것을 의미한다. 그러나 정작 어디서부터 어떻게 시작해야 할지 막막하다는 이야기가 너무도 많이 들린다. 이 책은 이렇게 CRM 마케팅의 중요성을 인지하고 있으나, 도입을 고민하는 마케터가 전체적인 방향을 설계하고 구체적인 실행 계획을 세우는 데 도움이 될 것이다. 이 책을 통해 고객군을 구분 및 관리하는 방식을 알고, 가장 효율적인 마케팅 도구를 파악하여 여러분의 사업을 성장시키길 바란다.

마지막으로 이 책이 나올 수 있도록 내 영혼에 용기를 불어넣어준 사랑하는 반려묘 테리, 부모님과 형제자매, 어려운 상황 속에서도 늘 나를 믿고 버텨준 회사 동료들, 씨엔티테크의 전화성 대표와 직원들에게 감사의 말을 전한다.

CHAPTER 1 CRM 마케팅 기초

CHAPTER 2 CRM 마케팅의 종류와 범위

CHAPTER 3 CRM 마케팅의 핵심

CHAPTER 4 CRM 마케팅 실전

APPENDIX 부록 오늘의집 기업 사례

CRM 마케팅
기초

1-1 디지털 광고 시장의 변화

디지털 광고 시장은 2015년부터 데이터 기반 마케팅을 바탕으로 급격히 성장하고 있다. 가히 뉴미디어 시대라 부를 정도로 소비자들은 하루의 대부분을 수많은 온라인 플랫폼에 머무르며 콘텐츠를 즐기는 동시에 커머스 활동을 이어간다. 이에 따라 광고 마케팅 역시 익명의 대중에게 일방적으로 노출했던 전통적인 방식에서 쌍방향으로 소통하는 개인화된 마케팅으로 변화하고 있다.

그 결과 현대의 소비자들은 그들이 이용하는 SNS 플랫폼이나 온라인 쇼핑몰에서 '맞춤형 콘텐츠'를 알아서 제공해주길 바란다. 또 장바구니에 담겨있는 제품의 '추가 할인 쿠폰' 역시 기업이 적절한 타이밍에 발행해주길 원한다.

리퀴드 소비와 솔리드 소비

새로운 볼거리와 즐길 거리가 많아진 미디어 환경에서 소비자들은 어느 하나에 진득하게 애정을 쏟지 않는다. 하나의 브랜드에 빠져들어 애정을 퍼붓다가 금세 질려서 떠나기도 하고, 새로운 유행어가 생겨 밈이 되고 한창 바이럴이 되는 것 같다가도 언제 유행했냐는 듯 순식간에 사라진다. 소비자는 브랜드와 콘텐츠를 인스턴트 제품처럼 소비하고 버리는 걸 반복하고 있다. 이러한 최근의 소비 모습을 리퀴드 소비liquid consumption라고 부른다. 리퀴드 소비라는 용어에서 '리퀴드'는 액체처럼 흐른다는 의미로 해석하면 좋다. 그래서 리퀴드 소비는 소비의 패턴이 고정되어 있지 않고 변하는 비정형화된 소비를 뜻한다. 반대 개념으로는 정형화되어 있고 패턴을 읽기 쉽다는 의미인 솔리드 소비solid consumption가 있다.

리퀴드 소비는 전 세계적으로 구독 경제, 공유 경제와 같은 서비스가 등장하면서 소유 대신 경험과 공유로 소비문화가 변화함에 따라 우리 일상에 자연스럽게 자리 잡고 있다. 이러한 소비 트렌드에서는 보통 브랜드 로열티가 낮고 제품의 유행 주기는 짧다. 즉, 디지털 광고 마케팅을 수행하는 기업이 예전보다 더 힘든 환경에 놓여 있다는 뜻이다. 소비자의 구매 패턴을 읽기가 더욱 어려워졌기 때문에 마케터는 인내심을 갖고 장기전을 펼쳐야 한다.

소비자에게 자사 브랜드를 각인시키고, 소비자가 자사 쇼핑몰에서 정기적으로 구매하게 하려면 어떤 전략을 펼쳐야 할까? 마케터는 소비자의 복잡해진 구매여정과 소비 패턴의 영향으로 우리 브랜드가 잊히지는 않을까 하는 두려운 마음을 떨칠 수 없다. 심지어 100년이 넘은 글로벌 브랜드 코카콜라도 매년 전 세계 광고비 30위 안에 드는 비용을 쓰면서 글로벌 광고 마케팅을 펼치고 있다. 오래된 브랜드라고 하더라도 광고 마케팅이 중단되는 순간 경쟁 기업에 시장점유율을 내줘야 하는 것을 잘 알고 있기 때문이다.

브랜드와 소비자 사이의 관계 변화

한편 뉴미디어 환경 속에서 브랜드와 소비자의 관계는 극적인 변화를 맞이하고 있다. 불과 몇 년 전만 해도 브랜드는 소비자보다 높은 위치에 있었고, 브랜드와 소비자 사이 갑을 관계가 명확해 보였다. 예를 들어 샤넬이나 루이비통은 가격과 같은 세부적인 정보를 공개하지 않았는데, 브랜드가 갑, 소비자는 을이었던 것이다. 그러나 뉴미디어가 발전하면서 수많은 플랫폼이 생겼고 브랜드 정보는 여기저기 넘쳐난다. 이제는 소비자가 몇 번의 검색과 클릭만으로도 특정 브랜드 제품을 구매한 고객들의 리뷰와 관점, 브랜드에 대한 각종 정보를 얻을 수 있게 됐다.

명품을 일례로 들어보자. 과거에는 루이비통 같은 명품을 구매하기 위해서는 소비자가 백화점을 방문해야 했고, 새로운 제품에 대한 정보는 제한된 채널에서만 공유되었다. 그러나 지금의 환경은 어떠한가. SNS나 명품 커머스몰의 구매 후기를 통해 굳이 백화점에 가지 않아도 제품에 대한 각종 정보를 얻을 수 있다. 심지어 구매 고객들이 올리는 이미지, 영상 리뷰와 유튜브의 각종 언박싱 영상을 통해 카탈로그에서 보이는 제품에 대한 환상을 깨고 제품 자체의 민낯을 볼 수 있다.

예를 들면 A 브랜드에서 판매하는 30만 원대 고가의 니트를 구입하려고 하는데, 고객들의 구매 후기를 읽어보니 '보풀이 많이 생긴다', '생각보다 먼지가 많이 묻는다'는 내용이 있다면 구매 버튼을 누르기 전 신중하게 생각하게 된다. 아무리 유명한 브랜드라고 하더라도 가격 대비 퀄리티가 현저하게 낮을 경우 구매로 이어지지 않을 가능성이 높다. 이렇듯 소비자는 구매를 염두에 둔 상품이 돈을 지불할 만큼의 가치가 있는지를 따지고, 이를 객관적으로 볼 수 있는 다양한 정보를 손에 쥐게 되었다.

소비자의 쇼핑 경험과 구매 환경은 온라인상에 공개된 정보량의 증가와 비례해 입체적으로 변화하고 있다. 오늘날의 소비자는 브랜드가 새로운 제품의 방향을 결정하거나 출시하는 데 압력을 행사할 수 있는 힘을 가진다. 예전에는 브랜드가 먼저 제품을 만들어 소비자에게 일방적으로 전파했다면, 이제는 소비자 스스로 본인이 바라는 브랜드의 모습을 찾고, 제품의 결함을 직접 개선하려고 노력하는 등 브랜드가 제품을 만드는 과정의 의사결정에

막대한 영향력을 행사한다.

더 나아가서 개별 소비자가 브랜드 이미지 전반에 영향을 끼치는 상황도 자주 보인다. 유튜브 채널을 통해 한 개인이 특정 브랜드의 갑질이나 허위 사실을 공개하기도 하고, 개인의 부정적인 브랜드 경험이 커뮤니티를 통해 확산되면 순식간에 브랜드 이미지가 추락하기도 한다. 그 결과 횡포가 심한 소위 '못된' 브랜드의 경우 때때로 소비자들의 불매운동이 나타나기도 한다.

따라서 요즘 기업은 기존 고객이 우리 브랜드를 항상 지지해줄 것이라는 믿음을 내려놓고, 당장 내일 떠날지도 모르는 고객을 위해 '우리가 무엇을 줄 수 있는지'를 고민한다. 고객의 손에 쥐어진 수많은 선택권으로 인해 기업이 소비자를 보는 관점이 바뀐 것이다. 소비자는 언제든 우리 브랜드를 떠날 준비가 되어 있고, 이들은 생각보다 아주 사소한 데에서 떠날 이유를 찾는다.

글로벌 컨설팅 기업 맥킨지&컴퍼니에서 발표한 자료에 따르면 팬데믹 기간에 선호하는 브랜드가 바뀌었다고 답한 고객이 전체의 40%라고 한다. 왜 기존에 사용하는 브랜드를 이탈하고 새로운 브랜드로 갈아탔는지 조사해본 결과, '더 낮은 가격'과 '더 좋은 가성비' 때문으로 나타났다. 이외에도 직원들의 응대, 프로모션과 메시지의 상관관계, 선호하는 채널에서의 커뮤니케이션 등이 영향을 미쳤다고 답했다.

이를 통해 알 수 있는 두 가지 사실은 첫째, 힘의 균형이 브랜드에서 소비자로 기울고 있다는 것과 둘째, 아주 단순한 이유로 고객을 잃을 수 있다는 것이다.

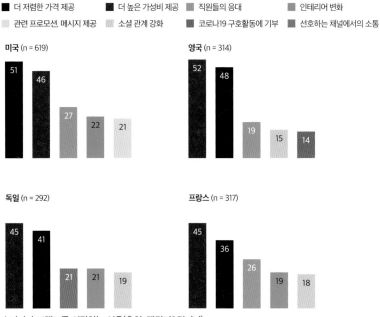

**불확실성이 높은 시기, 익숙하게 사용한 브랜드를 고수하지 않고
브랜드를 갈아탄 국가별 5가지 이유**

■ 더 저렴한 가격 제공 　■ 더 높은 가성비 제공 　■ 직원들의 응대 　■ 인테리어 변화
■ 관련 프로모션, 메시지 제공 　■ 소셜 관계 강화 　■ 코로나19 구호활동에 기부 　■ 선호하는 채널에서의 소통

미국 (n = 619)

51 46 27 22 21

영국 (n = 314)

52 48 19 15 14

독일 (n = 292)

45 41 21 21 19

프랑스 (n = 317)

45 36 26 19 18

소비자가 브랜드를 이탈하는 이유(출처: 맥킨지&컴퍼니)

시장의 경쟁은 여느 때보다 치열하다. 소비자는 더욱 똑똑하고 변덕스러워
졌으며 우리 브랜드에 과몰입하다가도 갑자기 떠난다. 이러한 소비자를 유
인하기 위해 경쟁 업체는 쿠폰을 열성적으로 제공하고, 우리 역시 경쟁 업
체에 밀리지 않기 위해 울며 겨자 먹기로 할인 정책을 펼치고 있다. 이렇게
업계는 출혈 경쟁으로 과도한 마케팅을 이어가며 '제 살 깎기' 전법을 펼치
고 있고, 소비자는 쿠폰이나 할인율을 좇아 자신에게 이득이 되는 곳을 귀
신같이 찾아낸다. 또 어떤 소비자는 기업의 이벤트에 참여해 경품만 노리는
체리피커cherry picker*가 되기도 하고, 알뜰하게 쿠폰 소비를 하는 체리슈머

───────────────

＊　상품은 구매하지 않고 기업에서 제공하는 혜택을 누리며 실속만 챙기는 고객.

cherry sumer*가 되기도 한다.

이제 마케터들은 디지털 광고 시장에서 '고객'을 중심으로 생각하고 그들과의 지속적인 관계를 맺는 활동이 매우 중요해졌다는 것을 깨닫고 있다. 그리고 일부 기업은 고객과의 관계를 발 빠르게 개선하고 이들과 장기적인 관계를 구축하기 위한 마케팅 활동을 펼쳐나가고 있다. 여기저기 이동하는 고객들을 쫓아다니면서 쿠폰을 떠먹여주는 것보다 우리 브랜드에 유입한 한 명의 고객과 오랫동안 관계를 맺고 관리하는 것이 훨씬 효과적인 것을 깨달았기 때문이다.

---

*   체리피커(cherry picker)와 소비자(consumer)의 합성어. 한정 자원을 극대화하기 위해 알뜰하고 계획적으로 소비하는 전략적 소비자를 뜻한다.

1-2 CRM 마케팅이란

기업이 고객과의 관계를 맺는 활동을 마케팅 용어로 CRMcustomer relationship management(고객관계관리)이라고 한다. CRM은 기업이 고객과 관련된 내외부 자료를 분석 및 통합해 고객 자원을 극대화하고 이를 토대로 고객 특성에 맞게 마케팅 활동을 계획, 지원, 평가하는 과정이다. 또한 고객 데이터를 세분화하여 신규 고객을 획득하는 마케팅 활동부터 단골 고객을 유지하고 고객가치 증진을 위한 활동 고안, 잠재 고객 활성화, 평생 고객화 등 라이프 사이클을 적극적으로 관리하는 행위를 의미하기도 한다. 결국 CRM 마케팅은 기본적으로 잠재 고객부터 신규 고객 그리고 우리 브랜드를 자주 이용하는 단골 고객까지, '고객'을 중심으로 바라보고 관리하는 마케팅 전략이다.

이 책에서 다루는 마케팅 활동은 모두 고객과의 관계 관리에 초점을 두고 있으며 이를 'CRM 마케팅'이라 통칭한다. 또한 이 책에서는 VIP 고객, 단골 고객, 우수 고객, 충성 고객 등 기업별 우수 고객을 분류하는 다양한 용어를 모두 '단골 고객'으로 표현한다.

CRM은 기업의 B2B 영업 활동에 있어 오랜 세월 중요한 개념이었지만, 국내 스타트업을 중심으로 디지털 광고 마케팅 시장에서 활성화된 시점은 2019년부터였다. CRM 솔루션 기업이 대거 등장한 것도 이맘때쯤이다.

2021년 애플이 개인정보보호를 위해 ATTapp tracking transparency(앱추적투명성) 정책을 발표한 후 퍼포먼스 마케팅에 제약이 생기면서 현재는 CRM 마케팅이 가장 중요하다고 여기는 마케터들도 있다. 그러나 CRM 마케팅이 효과적으로 운영되려면 퍼포먼스 마케팅과 함께 짝을 이루어야 한다.

퍼포먼스 마케팅과 CRM 마케팅의 차이점

퍼포먼스 마케팅과 CRM 마케팅은 무엇이 다를까? 기본적으로 네 가지 관점에서 차이가 있다.

첫째, 퍼포먼스 마케팅의 목표가 판매량을 높이는 데 있다면 CRM 마케팅의 목표는 고객 충성도를 높이는 것이다. 퍼포먼스 마케팅은 광고를 통해 소비자가 브랜드를 인지하고 최종적으로 구매나 행동으로 이어지는 성과를 중심으로 측정, 분석하는 마케팅 전략이다. 그러나 CRM 마케팅은 기업이 확보한 고객의 정보를 이용해 최적화된 마케팅 전략을 수행하며 고객이 우리 브랜드에 오래 머물게 만들고 충성도를 높이는 데 그 목적이 있다.

둘째, 집중하는 채널이 다르다. 퍼포먼스 마케팅은 외부 채널의 효율성을, CRM 마케팅은 내부 채널의 고객구매여정customer decision journey(CDJ)을 관리한다. 퍼포먼스 마케팅은 다양한 외부 채널에 광고 마케팅을 수행하면서 유입되는 고객을 분석하고 어떤 채널에서 유입한 고객의 매출 기여도가 가장 높은지를 파악해 효과적인 채널 전략을 수립한다. CRM 마케팅은 사이트에 유입한 고객의 이탈률을 낮추고 최종 구매까지 이어지도록 고객구매여정을 관리함으로써 궁극적으로 고객생애가치lifetime value(LTV) 극대화에 목표를 둔다. 이때 고객생애가치란 고객 한 명이 우리 제품 또는 서비스를 이용하는 총 기간 내에 회사에 안겨주는 순이익에 대한 예측을 의미한다. 고객생애가치는 단순히 일회성 제품 구매로 그 가치가 매겨지는 것이 아니라 장기적인 관점에서 우리 기업에 기여할 수 있는 가치를 측정하는 것이다.

셋째, 퍼포먼스 마케팅은 단기적 관점, CRM 마케팅은 장기적 관점이다. 퍼포먼스 마케팅은 단기 목표를 세우고 특정 기간 내에 정해진 광고 예산으로 얼마나 많은 구매전환이 이루어지는지 또는 성과지표를 얼마나 달성하는지를 중요시한다면, CRM 마케팅은 장기적인 관점에서 고객생애가치를 극대화하고 브랜드 로열티를 높이는 목표하에 전략을 수립한다.

넷째, 퍼포먼스 마케팅은 페이스북, 인스타그램, 구글, 유튜브, 틱톡 등 다양한 광고 플랫폼의 고객 중 우리 쇼핑몰에 가장 많이 유입할 것 같은 타깃을 기반으로 마케팅을 펼친다. 그러므로 퍼포먼스 마케팅 시에는 주로 판매와 구매로 이어지는 과정에 초점을 두는 성과지표를 분석하게 된다. 이를테면 얼마나 적은 비용으로 광고가 노출되었는지, 얼마나 적은 비용으로 광고를 클릭했는지, 노출 대비 클릭률은 얼마나 되는지, 실제 고객의 구매전환은 어느 정도인지를 중심으로 지표를 분석한다.

반면 CRM 마케팅은 우리 쇼핑몰에 들어온 관심 고객을 대상으로 한다. 그들에게 회원가입과 제품 구매를 유도하고, 그들과 장기적인 관계를 맺기 위해 고객구매여정을 지속적으로 관리하는 마케팅을 진행한다. 이처럼 CRM 마케팅은 고객생애주기를 관리하기 때문에 재구매 주기, 체류 시간, 이탈률, 만족도 체크 등 내부 고객 관리와 관련된 지표를 중심으로 분석한다.

풀퍼널을 고려한 마케팅의 중요성

퍼포먼스 마케팅과 CRM 마케팅은 지난 몇 년간 디지털 광고 마케팅 시장에서 데이터에 기반한 가장 핵심적인 광고 기법이었다고 해도 과언이 아니다. 기업들이 이 마케팅 기법에 관심을 갖는 이유는 효율적인 예산 분배와 관리 때문이다. 대기업뿐만 아니라 중소기업, 스타트업까지 한정된 예산을 가지고 효과적인 마케팅을 수행하는 데 최적화된 기법인 퍼포먼스 마케팅에 이어서 최근 다양한 솔루션 업체의 등장으로 과거에 비해 훨씬 경제적인 비용으로 고객을 관리하는 CRM 마케팅을 할 수 있게 되었다.

그렇다면 퍼포먼스 마케팅과 CRM 마케팅 중 하나만 수행해도 충분하지 않을까?

이와 관련해 내가 직접 겪은 경험을 공유한다. 나는 2017년 미디어커머스 기업 아샤그룹을 창업해 데이터 기반의 디지털 광고 마케팅 기법을 활용하며 브랜드를 알렸다. 여느 스타트업과 마찬가지로 적은 초기 자본으로 사업을 운영해야 했기 때문에 마케팅 예산 또한 적었고, 초기 매출을 높이기 위해 퍼포먼스 마케팅을 활용했다.

퍼포먼스 마케팅을 직접 수행해보지 않은 사람들은 대개 퍼포먼스 마케팅이 구매전환만을 목표로 한다고 생각한다. 실제로 2016~2017년에는 대부분의 마케터가 구매전환 광고에만 집중하기도 했다. 그러나 어느 정도 경력이 쌓인 마케터들은 퍼포먼스 마케팅을 더 넓은 시야로 바라보게 되는데, 이때 퍼포먼스 마케팅은 퍼널funnel* 구조에서 펼쳐야 가장 효과적이라는 사실을 인지한다.

풀퍼널 마케팅full-funnel marketing은 소비자가 브랜드를 알고 구매하는 과정을 크게 4단계로 나누어 종합적으로 관리하는 전략을 의미한다. 각각의 단계는 인지, 흥미, 욕망, 구매다. 인지는 광고를 통해 소비자가 브랜드를 인지하는 단계를 의미한다. 흥미는 우리의 잠재 고객이 브랜드에 흥미를 보이는 단계, 욕망은 제품을 소유하고 싶다는 생각을 갖고 구매 욕구를 느끼는 단계다. 마지막으로 구매 단계는 잠재 고객이 구매 고객이 되는 것을 의미

---

*   사람들이 브랜드 혹은 서비스를 인지하고, 흥미와 욕망을 가지고 구매로 이어지는지를 보여주는 분석 과정.

한다. 퍼포먼스 마케팅은 이처럼 4단계의 퍼널을 기반으로 단계별 광고 전략을 펼친다.

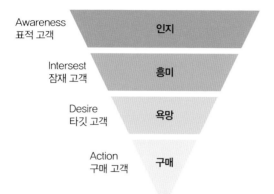

풀퍼널 마케팅 구조

내가 운영했던 브랜드도 초반에는 판매에 집중하며 구매전환 광고만 했지만, 시간이 흘러 신규 고객 유입의 필요성을 느꼈고 결국 퍼널 전체를 고려하는 풀퍼널 마케팅을 진행했다. 풀퍼널 마케팅을 하지 않고 구매전환 광고만 할 경우 소비자는 재구매 주기가 돌아오기 전까지 구매 활동을 하지 않는다. 그 결과 초반에는 매출이 상승하는 것처럼 보이지만, 신규 고객이 유입되지 않으므로 결국 매출은 정체기에 돌입한다. 그러므로 꾸준히 잠재 고객을 유입시키고, 새로운 신규 고객을 만들려면 브랜드를 인지하고 흥미를 보이는 고객을 찾아 광고해야 한다.

퍼포먼스 마케팅과 CRM 마케팅의 유기성

그렇다면 풀퍼널 전략을 바탕으로 퍼포먼스 마케팅만 하면 끝일까? 물론 그렇지 않다. 퍼포먼스 마케팅은 '고객획득'을 위한 마케팅에 초점을 둔 기법이지, '고객유지'까지 고려하진 않기 때문이다.

우리 회사는 2018년 하반기부터 풀퍼널 마케팅 전략으로 본격적인 성과를 만들었다. 그러나 전략을 정교화하고 다양한 플랫폼에 높은 예산으로 광고를 집행했음에도 어느 시점 이후부터는 광고 효율이 꺾이면서 더 이상 과거의 높은 구매전환율을 보이지 않았다. 치열한 기업 간의 경쟁 환경 때문일 수도 있겠지만, 외부에서 신규 고객을 데려오는 활동에만 집중하다 보니 신규 유입으로 인한 광고 비용만 증가해 오히려 효율이 떨어졌던 것이다.

우리는 이러한 성적표를 보면서 신규 고객 유입으로 인한 광고 효율 저하를 극복하고 동시에 매출 정체도 극복할 수 있는 방법을 찾아야 했다. 그리고 기존에 확보한 우리 고객을 잘 관리하고 있는지에 초점을 맞췄다. 즉, 고객 획득만큼이나 고객유지 측면에서의 마케팅 전략이 필요했다. 한 번 구매한 고객이 재구매를 하는지, 일회성으로 그치고 있지는 않은지, 우리 사이트에 재방문하면 무엇을 가장 유심히 보는지에 대한 궁금증이 일었다.

그리고 더 이상 신규 고객을 유입하는 행위만으로는 안 되겠다고 느낄 때쯤 카페24*에서 빅데이터 기반의 상품 분석 서비스인 세라를 출시했다. 우리는 즉시 세라 베타 버전을 쇼핑몰에 적용했다. 세라는 구글 애널리틱스로 데이터를 분석하던 방식보다 훨씬 간단하고 주니어 마케터도 쉽게 사용할 수 있는 대시보드를 갖추고 있었다. 그리고 쇼핑몰 내 진열된 각 제품의 이

---

*   글로벌 전자상거래 플랫폼. 개인 혹은 기업이 홈페이지를 만들어 제품을 진열, 판매할 수 있는 서비스다.

미지 좌측 상단에서 PC/모바일별 실시간 주문수, 제품의 조회수, 주문율, 클릭가치와 같은 실시간 지표를 볼 수 있었고 소비자들이 현재 어떤 제품에 가장 관심을 갖고 구매하는지 알 수 있었다. 이러한 분석 주력해야 할 상품을 선정하여 진열 위치를 바꾸고, 주문율이 높은 제품에 추가 프로모션을 진행하여 더 높은 매출을 달성할 수 있었다.

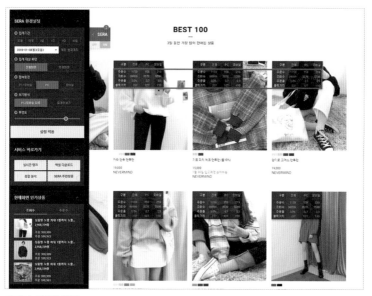

카페24 세라의 화면

그때 터득했던 것이 '외부 채널 광고로 유입된 소비자의 자사몰 내 여정을 집중적으로 관리해야 한다'는 것과 소비자의 행동유도를 이끌어내기 위해서는 '웹사이트에 방문한 소비자를 대상으로 사이트 내에서 진행하는 마케팅 활동, 즉 온사이트 마케팅on-site marketing이 중요하다'는 것이다(온사이트 마케팅은 2장에서 자세히 다룬다).

세라를 사용한 경험은 당시 퍼포먼스 마케팅만을 중시했던 사고에서 CRM

마케팅의 중요성을 조금씩 느끼게 했던 계기가 되었다. 외부 채널에서 내부 채널로 유입하는 퍼포먼스 마케팅과 내부 채널에서 고객의 여정을 관리하는 CRM 마케팅을 하나의 연결 선상으로 함께 수행해야 함을 깨달았고, 고객획득과 고객유지가 끊기지 않도록 관리해야 할 필요성을 느꼈다. 그리고 이때부터 미디어커머스 선두 업체들도 온사이트 마케팅을 도입하기 시작했다. 새로운 소비자뿐만 아니라 쇼핑몰에 기여도가 높은 우수 고객, 즉 단골 고객을 별도로 관리해야 할 필요성을 절실하게 느낀 다른 스타트업에서도 CRM 솔루션을 빠르게 도입해 고객유지율, 브랜드 로열티와 같은 지표를 관리하기 시작했다.

CRM 마케팅의 등장과 시장 변화

2018년 하반기부터 퍼포먼스 마케팅으로 성장한 업계 선두 기업들이 CRM 마케팅을 먼저 도입하며 고객을 정교하게 관리하기 시작했다. CRM 마케팅에 공을 들였던 기업들은 당시 SaaSsoftware as a service(서비스형 소프트웨어)* 방식의 CRM 솔루션을 적용해 고객을 정밀하게 세분화하고 그룹을 나누어 그룹별 다른 내용의 메시지를 보냈다. 그리고 개인 맞춤화에 가까운 마케팅 활동을 하면서 추가적인 수익을 확보했다.

최근에는 CRM 솔루션이 상당히 고도화되어서 사용자 편의성이 높아졌지만, 초기 버전은 어느 정도 코딩을 할 수 있어야 했기 때문에 내부 마케터와 개발자가 '그로스마케팅팀'이라 부르는 팀 내에서 함께 움직여야 했다. 채용

---

*   소프트웨어를 사용한 만큼 비용을 지불하는 방식의 클라우드 서비스.

공고에도 SQL*을 활용할 수 있거나 기본적인 코딩 역량을 가진 인재를 우선시했다. 이맘때쯤 퍼포먼스 마케팅을 하는 기업 대부분이 CRM 마케팅 솔루션을 도입하면서 솔루션 업계의 경쟁이 일어났다. 그 결과 SQL 같은 프로그래밍 언어를 사용하지 못하는 마케터도 쉽게 다룰 수 있도록 CRM 솔루션 사용 방식이 더욱 편리해졌다.

더불어 2020년이 지나면서 이커머스 기업을 중심으로 CRM 마케팅 솔루션이 빠르게 도입되었는데, 이는 애플, 구글과 같은 빅테크 기업들의 광고 규제 정책과도 맞물려 있다. 2021년 4월, 애플은 iOS에서 운영하는 모든 모바일 애플리케이션에 '사용자 데이터 수집 및 사용에 대한 동의'를 개인에게 직접 구하는 ATTapp tracking transparency(앱추적투명성) 정책을 시행했다. ATT 정책은 개인의 기본 정보와 활동을 기업이 동의 없이 수집해 마케팅에 사용하지 못하도록 강제하는 것인데, 이 정책으로 퍼포먼스 마케팅을 하는 SNS 광고 플랫폼 기업이 직접적인 타격을 받았다. 퍼포먼스 마케팅 활동에 제약이 걸린 기업들은 자연스럽게 외부 채널에서 유입되는 고객에게 쓰는 마케팅 비용보다 기 확보한 회원들을 위한 마케팅 비용에 비중을 두며 CRM 마케팅의 중요성이 대두된 것이다.

현재 CRM 시장은 전 세계적으로 꾸준한 성장세를 보이고 있다. 가트너에서 발표한 자료에 따르면 이 시장은 2020년 437억 달러에서 2022년 588억 2천만 달러로 성장했고, 2030년까지 연평균 12.5%씩 성장할 것으로 보인다. 2030년 CRM 시장 규모는 1457억 9천만 달러로 지금의 2.5배가량 커질 전망이다.

---

*   데이터베이스에서 데이터를 추출 및 관리하는 데 사용하는 데이터 처리 언어.

1-3 CRM 마케팅의 필요성

앞서 이야기했듯 이제 디지털 광고 시장에서는 고객획득만큼이나 고객유지가 중요해졌다. 그래서 고객획득을 위한 퍼널 전략에 기반한 퍼포먼스 마케팅과 고객유지를 위한 CRM 마케팅을 함께 수행하는 것이 기업의 전략적 목표가 되었다. 그렇다면 CRM 마케팅을 해야 하는 보다 객관적인 이유는 무엇일까?

CRM 마케팅이 필요한 이유는 크게 네 가지로 이야기할 수 있다.

- 고객획득비용의 증가
- 단골 고객 관리의 필요성 증가
- 합리적인 비용으로 사용 가능한 CRM 솔루션
- 기업의 이익

각각의 이유에 관해 자세히 살펴보자.

고객획득비용의 증가

고객획득비용customer acquisition cost(CAC)은 소비자가 우리 사이트에 첫 방문 또는 처음 구매하는 데 기업이 쓰는 총비용을 의미하며 광고 프로모션비, 이벤트 경품비, 상품의 할인 금액을 모두 합한 것이다. 이런 고객획득비용이 크게 증가하고 있다. 전 세계적으로 기업들의 평균 고객획득비용은 지난 5년간 55%나 증가했다.

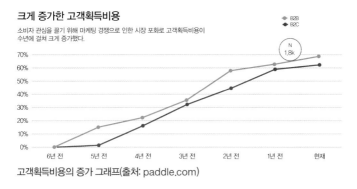

크게 증가한 고객획득비용

소비자 관심을 끌기 위해 마케팅 경쟁으로 인한 시장 포화로 고객획득비용이
수년에 걸쳐 크게 증가했다.

고객획득비용의 증가 그래프(출처: paddle.com)

기업의 고객획득비용이 갈수록 증가하는 이유는 광고 마케팅 시장에서의
치열한 경쟁 환경과 더불어 소비자들의 스마트 소비에서 비롯된다.

경쟁이 치열해진 데는 앞서 언급했던 ATT 정책, 기업 간 출혈 경쟁, 더 많
은 디지털 광고 플랫폼에 광고를 집행하는 데 필요한 비용 증가와 같은 이
유를 들 수 있다. ATT 정책으로 인해 오디언스 타기팅audience targeting*이나
리타기팅retargeting**을 하는 데 제약이 생겼고 대기업, 중소기업 할 것 없이
예전보다 많은 광고비를 써야 하는 상황이 됐다.

또한 소비자의 스마트 소비란, 소비자가 광고를 접했을 때 반응하는 방식이
좀 더 스마트하게 바뀌었다는 것을 의미한다. 불과 몇 년 전만 해도 소비자
는 SNS에 노출된 광고를 보고 마음에 들면 즉시 상품 페이지로 이동해 구
매했으나, 지금은 광고를 본 이후 곧바로 구매하지 않고 다양한 경로로 이
동한다. 예를 들면 기존에는 페이스북에 광고가 노출되면 소비자가 이를 보
고 즉시 구매했지만, 현재는 페이스북 광고를 보고 네이버에서 검색해 파워

---

*   사용자 데이터를 기반으로 정교하게 타깃을 정해서 한 사람에게만 하는 마케팅.

**   온라인상의 사용자 검색 기록, 방문 경로 등을 기반으로 하여 다른 웹사이트에 방문 시 관련 광고를 노출하는 형
      태의 마케팅.

링크 광고를 클릭하고 들어와서 상품 페이지를 살피거나 유튜브에서 상품 영상을 찾아보는 행위들이 추가되었다. 또 일부는 카카오톡, 인스타그램, 틱톡 등 여러 플랫폼을 추가로 들락날락하면서 조금 더 복잡한 경로를 거친 후에야 결제하는 모습이 발견됐다. 구글에서는 이러한 소비자의 여정이 복잡해졌다고 하여 2020년도에 이를 중간 복잡성 이론middle messy theory이라고 정의하기도 했다.

단골 고객 관리의 필요성 증가

CRM 마케팅을 해야 하는 두 번째 이유는 매출 기여도가 높은 단골 고객을 관리해야 할 필요성이 생겼기 때문이다. 80:20 법칙이라고도 불리는 파레토의 법칙은 80%의 결과가 20%의 원인에 의해 발생하는 현상을 가리킨다. 이 비율은 전자상거래 매출에도 적용된다. 전자상거래 현장에서는 대개 20%의 상위 고객이 전체 매출의 80%에 기여한다고 알려져 있다. 이는 단골 고객을 별도로 관리해야 할 필요성이 높다는 뜻이다. 다행스러운 점은 재구매 고객과 한 번에 많은 물건을 구매하는 고객을 위한 별도 서비스를 제공하거나, 업셀링up-selling*과 크로스셀링cross-selling**을 유도하면서 지속적으로 고객의 가치를 창출하는 것이 신규 고객을 모객하는 것보다 소비자 입장에서 훨씬 우호적이라는 것이다. 이미 구매 경험이 있기 때문에 처음부터 색안경을 끼고 판단하는 신규 고객보다는 훨씬 열린 마음으로 기업의 마케팅 행위를 바라본다는 의미다.

---

* 같은 고객이 이전에 구매한 제품보다 더 비싼 제품을 사도록 유도하는 방법.

** 고객이 구매를 고려하고 있는 제품과 관련된 상품을 제안하는 방법.

단골 고객은 기업의 고객생애가치 측면에서 높은 가치를 지니기 때문에 중장기적으로 관리해야 한다. 고객생애가치lifetime value(LTV)란 소비자 한 명이 우리의 쇼핑몰에 들어와 회원가입할 때부터 기업을 완전히 이탈할 때까지의 전체 기간 내 창출하는 가치의 합을 의미한다. 쉽게 정의하면 한 명의 소비자가 서비스를 이용하는 동안 가져다주는 이익을 수치화한 지표다. 단골 고객은 기업에서 그들의 구매여정에 깊이 관여하면 할수록 기업과 친밀도를 느끼고 브랜드 로열티를 쌓아나간다. 이들은 기업의 케어를 흔쾌히 받아들일 준비가 되어 있다.

예를 들어 지난 6개월 동안 우리 회사 제품을 3회 이상 구매했고 한 번 구매할 때마다 평균 구매 단가가 5만 원 이상인 고객이 있다고 하자. 이 고객은 6개월간 15만 원 이상의 매출을 안겨주었으므로 단골 고객으로 분류했다. 그리고 감사의 마음으로 단골 고객에게만 별도 링크에서 구매할 수 있는 한정판 신제품을 먼저 선보인다거나, 그들만 사용 가능한 쿠폰을 따로 발송했다고 하자. 그러면 단골 고객들은 자신들이 특별한 대우를 받는다고 여길 것이고, 기업이 지속적으로 제공하는 서비스에 만족하고 적극적인 구매 활동으로 보답할 것이다.

그러나 아직도 CRM 마케팅을 하지 않는 기존 온라인 쇼핑몰들은 여전히 고객 구분 없이 전체 고객을 대상으로 매주 1회 동일한 할인 쿠폰을 발행하는 방식을 택하고 있다. 모든 고객이 같은 쿠폰을 받는 것이다. 이 경우 단골 고객이 쇼핑몰에 계속 머무르려고 할까? 오히려 단골 고객을 위해 멤버십별 차등 쿠폰을 제공하거나 그들만을 위한 서비스를 제공하는 다른 쇼핑몰로 떠나지 않을까? 그러므로 고객생애가치 극대화 측면에서 생각해본다면 기업은 우리 고객들의 라이프사이클을 분석하고 분류한 뒤, 각 단계에 맞는 개인 맞춤형 쿠폰을 발송하고 차별화된 서비스를 제공하는 방향이 훨씬 유리하다.

합리적인 비용으로 사용 가능한 CRM 솔루션

CRM 마케팅을 해야 하는 세 번째 이유는 합리적인 비용 때문이다. CRM이라는 키워드는 2000년도 초반부터 꾸준히 화두였다. 대표적으로 카드사와 같이 고객 데이터를 많이 보유하고 있는 기업에서 CRM에 대한 니즈가 상당히 컸다. 몇몇 통신사, 카드사들이 CRM 시스템을 구축하고 있다는 이야기, 상당한 비용을 투입한다는 이야기도 들려왔다. 그러나 2000년대 초반에는 소수의 기업만 CRM 마케팅을 적용할 수 있었다. 그 이유는 CRM의 중요성을 알고 있다고 해도 중소기업이 구축하기에는 비용이 만만치 않았기 때문이다. 기존에 쌓인 데이터를 어떻게 통합해 모을 것인지, 모은 데이터는 어떠한 방식으로 분류할 것인지, 어떤 데이터를 필터링하는 것이 유의미한지를 분석하고 구조를 설계해 개발하는 것 자체가 까다로운 문제였다. 더불어 고객 데이터가 쌓이면 쌓일수록 운영 관리 이슈가 비례해 커졌다. 그 결과 당시 CRM은 영업에서의 관리 툴 정도로만 사용되었고 마케팅 분야에서의 사용은 제한적이었다.

그러나 최근 몇 년 사이에 CRM 솔루션을 제공하는 업체가 많이 등장했다. 기업들은 CRM 솔루션을 활용해 신규 고객, 단골 고객을 위한 별도 기능만 활용하거나 온사이트 마케팅을 위한 특정 솔루션만 활용하는 등 전체를 구축하지 않고도 CRM 마케팅을 가볍게 시작할 수 있게 되었다. 솔루션 업체에서 제공하는 기능에는 기업의 흩어진 데이터를 모아주고 원하는 방식으로 분류하는 서비스, 고객을 분류해 그룹별 메시지 발송이 가능한 캠페인 서비스, 메시지 발송 및 행동 데이터 추적을 통해 다음 전략을 제안하는 서비스 등이 있다. 이러한 서비스는 보통 회원 수나 MAUmonthly active users(월간활성사용자)당 또는 월 구독료, 정액제 방식으로 수수료가 책정된다.

CRM 솔루션 중 챗봇으로 운영하는 채널톡 사례를 살펴보자. 챗봇은 기존의 고객센터(CS)에서 사람이 직접 응대하는 리소스를 줄이기 위해 개발되었다. 챗봇에는 소비자가 가장 자주 문의하는 질문 유형(교환, 반품, 배송 등)을 사전에 세팅해두므로 자동 응대가 가능하다. 그 결과 내부 인력 리소스를 효율적으로 운영할 수 있다. 챗봇은 단순 채팅 기능만 사용할 수도 있고, 회사 내부의 고객 데이터와 연동해 제품 구매 기록, CS 문의 기록을 연동해 응대를 고도화할 수도 있다. 더불어 고객이 유입되는 경로에 맞게 적절한 메시지를 보내는 것도 가능하다. 챗봇 서비스를 하는 채널톡 안에서도 기업이 원하는 대로 솔루션의 모든 기능을 사용할 수도 있고, 일부만 쓸 수도 있다는 의미다.

이제 2000년대 초반의 기업들처럼 자체 시스템을 구축할 필요가 없고 기업의 규모와 회원 수에 따라 합리적인 비용만 지불하면 CRM 솔루션을 사용할 수 있게 되었다.

기업의 이익

CRM 마케팅은 수익 측면에서 기업에 도움이 된다. 「Nucleus Research」의 자료에 따르면 CRM 마케팅 활동을 통해 얻는 ROIreturn on investment(투자수익률)가 8.71달러로 나타났는데, 이는 우리가 1달러를 투자했을 때 고객으로부터 8.71달러만큼 회수했다는 것을 의미한다. 그리고 지속적으로

CRM 마케팅 활동을 강화하면 기업이 1달러를 지불했을 때 고객으로부터 평균 30.48달러를 수익으로 회수하게 된다고 했다.

CRM ROI를 계산하는 방법은 다음과 같이 나타낼 수 있다.

$$ROI = \frac{순이익}{투자액} \times 100$$

CRM ROI 계산식

일정 규모 이상의 회원 수를 보유하고 매출이 꾸준히 발생하는 기업에서 앞다퉈 CRM 마케팅을 도입하는 또 다른 이유는 도입 후 ROAS_{return on ad spend}(광고구매전환율)가 개선되기 때문이다. ROAS는 광고 비용 대비 매출로 전환되는 지표를 의미한다. 예를 들어 광고비로 1억 원을 쓰고 이 광고로 인한 전환 매출이 4억 원 발생했다면 ROAS는 400%가 된다.

식으로 표현하면 다음과 같다.

$$ROAS = \frac{Total\ Campaign\ Revenue}{Total\ Campaign\ Cost}$$

광고에 따른 매출 ÷ 광고비 × 100

ROAS 공식

앞서 언급했듯이 고객을 획득하기 위한 퍼포먼스 마케팅과 고객을 유지하기 위한 CRM 마케팅은 서로 연결되어 있다. CRM 마케팅을 개선하면 자연스럽게 신규 유입한 고객들의 구매전환율도 개선된다.

향후 CRM 마케팅 시장은 한층 더 고도화될 것으로 보인다. 그리고 더 많은 기업이 단골 고객 관리를 통해 고객생애가치 극대화에 힘쓸 것이다. 또한 CRM 마케팅이 정교화될수록 초개인화, 맞춤화 서비스가 강화되므로 기업의 투자 비용 대비 고객으로부터의 회수 금액은 증가할 것으로 보인다.

여기에서 주의할 점은 CRM 마케팅을 통한 투자 대비 수익을 내기 위해서는 기업이 처한 상황을 분석하고 우리 기업에 맞게 잘 설계해야 한다는 것이다. 더불어 마케팅팀이 CRM 솔루션을 실무적으로 얼마나 잘 활용하는지도 관건이다. 기업별로 운영하는 브랜드의 규모, 고객의 규모에 따라 다르겠지만 우리는 결국 고객과 장기적인 관계를 유지하기 위해 CRM 마케팅을 해야 한다.

글로벌 기업 나이키의 CRM 마케팅 사례를 살펴보자.

나이키는 2019년 11월, 아마존 온라인몰에 판매하던 모든 나이키 제품을 철수하겠다는 폭탄선언을 했다. 당시 나이키는 아마존을 포함한 도매 유통 채널에서의 매출이 전체 비중의 84%를 차지하고 있었는데, 유통 채널 제품을 과감하게 회수하고 나이키 공식몰에서만 판매하기로 결심한 것이다.

이런 전략을 D2Cdirect to customer 전략이라고 한다. 자사몰 전략이라고 이해하면 좋다. 이는 기존에 오픈마켓과 온라인몰에서 동시에 제품을 팔다가 오픈마켓에 진열된 제품의 판매를 중지하고 자사몰에서만 제품을 판매하는 정책을 의미하기도 한다. 그렇다면 나이키가 D2C 전략을 선택한 이유는 무엇일까? 기본적인 이유는 매출, 수익성의 개선과 가격 경쟁력을 들 수 있으며 이외에도 브랜드 가치 전달, 개인화된 쇼핑 경험 제공, 고객 데이터 확보 등의 이유도 있다.

매출과 수익성 개선은 자사몰과 쿠팡 로켓배송에서 제품을 판매하는 판매자의 예를 통해 살펴보면 쉽게 이해할 수 있다. 만약 우리 회사가 카페24를 활용해 자사몰을 만들었을 경우, 고객의 구매액당 지불하는 수수료는 2~3% 수준이다. 그러나 쿠팡 로켓배송에 입점했을 때 기업이 지불해야 하는 수수료는 30%이다. 오픈마켓에 따라 차이는 있겠지만 자사몰을 운영했을 때 수수료 부분에서 이점이 훨씬 크다.

D2C 전략은 고객 데이터 확보 및 관리 측면에서도 매우 중요하다. 자사몰을 통해 고객을 관리하면 구매 주기, 구매 시간, 구매 가격 및 구매 개수 등의 다양한 정보를 획득할 수 있다. 이를 통해 매출 기여도가 높은 단골 고객부터 구매 횟수가 잦은 고객에 이르기까지 고객을 세분화하여 관리할 수 있다.

물론 D2C 전략의 위험성도 있다. 플랫폼을 이용하지 않고 별도의 자사몰을 운영할 경우 소비자들을 지속적으로 쇼핑몰에 유입시키기 위한 마케팅 비용을 써야 한다. 충분한 월간활성사용자(MAU)를 확보하려면 생각보다 많은 광고 비용을 써야 하기 때문에 브랜드 인지도가 충분하지 않을 경우에는 리스크가 있다.

나이키의 경우 전 세계를 무대로 수억 명의 회원을 보유하고 있기 때문에 D2C 전략이 상당히 유리해 보였다. CRM 마케팅을 위해 고객 데이터 분석과 관련 있는 여러 회사를 인수하기도 했다. 2018년 고객예측 분석 플랫폼이자 데이터 분석 회사인 조디악을 인수하여 개별 고객 및 고객세그먼트별 행동을 예측하고 과거의 활동 로그를 통해 향후 고객의 구매 습관과 방향을 예측하는 데 활용했다. 2019년에는 클라우드 기반 분석 플랫폼인 셀렉트를 인수했다. 나이키는 셀렉트를 통해 소매 업체의 하이퍼 로컬* 수요를 예측하여 옴니 채널** 환경에서 재고를 최적화할 수 있는 인사이트를 얻을 수 있었다. 2021년에는 데이터 통합 관리를 위해 데이터로그라는 기업을 인수했다. 이를 통해 머신러닝을 적용해 앱과 웹상에서 다양한 고객 활동을 분석하고 여러 공급망에서의 데이터를 통합 관리해 CRM 마케팅을 고도화했다.

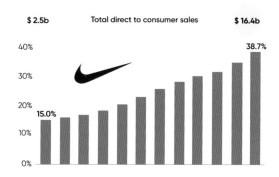

나이키 전체 매출의 D2C 비중(출처: fabric blog)

D2C 전략 기반의 CRM 마케팅을 시작한 지 1년 후인 2020년 3분기에 나이키의 매출은 9% 증가했고 영업이익은 20% 증가해 15억 달러를 기록했다. 전체 매출 중에 D2C 매출은 전년 대비 3% 성장해 43억 달러를 기록했고, 온라인 판매는 84% 증가했다. D2C 자사몰 매출은 2010년만 해도 25억 달러였지만, 2021년 164억 달러로 6.56배나 증가했다. 자사몰 매출 비중은 동기간 15%에서 38.7%로 증가했다.

---

*   아주 좁은 지역을 의미하는 신조어. 슬리퍼를 신고 나갈 수 있을 정도로 가까운 거리를 뜻한다.

**   모든 것을 의미하는 라틴어 옴니(omni)와 제품 유통 경로를 의미하는 채널(channel)의 합성어. 온오프라인 등 각 유통 채널의 특성을 결합해 어떤 채널에서든 같은 매장을 이용하는 것처럼 느끼게 하는 쇼핑 환경을 뜻한다.

그러나 나이키는 최근 D2C 전략을 포기했다. 그동안 글로벌 거대 유통망을 통해 판매 채널을 다각화했는데, 제품을 회수했더니 오히려 유통 마트에서 제품이 보이지 않아 브랜드 인지도에 타격이 온 것이다. 또 개인화된 맞춤형 서비스를 제공하려는 CRM 전략을 세웠으나, 오랫동안 도매상에게 제품의 유통 판매를 의존해오다 보니 정작 자사몰만을 강조하는 CRM 마케팅을 하는 데 어려움을 겪었다. 초반에 유통 채널 전략을 고객의 관점에서 고민하고 CRM 마케팅을 함께 고려했다면 D2C 전략이 성공할 수 있었겠지만, 오랜 유통 관행을 꺾을 수 없었던 것이다.

현재 나이키는 자사몰 위주의 마케팅을 하진 않지만, 여러 모바일 앱이나 고객 유입 경로를 통해 데이터를 확보하며 개인화된 마케팅을 고도화하고 있다. 즉, D2C 위주의 전략에서 한 발 물러났으나, 여전히 고객 데이터를 수집 및 분석하면서 CRM 마케팅을 강화하고 있다고 볼 수 있다.

이미 글로벌에 많은 유통 채널을 확보하고 있는 기업이 D2C로 선회하기엔 다소 시간이 걸리겠지만, 일반 기업이라면 고객획득 마케팅과 고객유지 마케팅을 고려해서 CRM 마케팅을 서둘러 하는 것이 좋다. 이제 CRM 마케팅을 해야 할 때다.

1-4 CRM 마케터의 실무 범위

앞선 내용을 통해 기업이 CRM 마케팅을 해야 하는 필요성을 살펴봤다. 그러면 기업에서 CRM 마케팅을 수행하는 마케터들은 구체적으로 어떤 일을 할까? CRM 마케터는 소비자의 구매여정을 관리하며 구매라는 최종 목적지까지 이동할 수 있도록 단계별 가설을 설정하고 그에 맞는 마케팅 활동을 펼친다.

고객구매여정에 따른 CRM 마케터의 역할

고객구매여정consumer decision journey(CDJ)*은 고객획득 마케팅, 고객유지 마케팅에서 모두 발생한다.

고객획득 마케팅은 퍼포먼스 마케팅에서의 퍼널 구조를 생각하면 된다. 고객이 브랜드를 인지하고 흥미를 갖는 과정을 거쳐 욕망, 구매 단계로 이루어져 있고, 구매전환 행위까지 발생하면 고객구매여정이 종료된다.

고객유지를 위한 마케팅도 비슷한 흐름을 갖는다. 외부 광고, 홍보 및 추천, 검색 등으로 유입된 소비자가 브랜드에 회원가입하고 주기적으로 제품을 구매하고, 나중에는 주변인까지 추천하는 과정으로 고객구매여정이 흐른다 (2장에서 이러한 고객구매여정을 AARRR이라는 모델로 설명한다). 이때 CRM 마케터는 고객구매여정을 관리하고, 여정을 종료하기 전에 각각의 장애물을 없애고 여정이 안전하게 마무리되도록 돕는 역할을 한다.

---

* 고객이 브랜드를 인지하고 흥미, 욕망을 갖고 제품을 구매해 사용하는 일련의 과정.

AARRR 모델의 예시

예를 들어 소비자가 외부 광고를 통해 브랜드 웹사이트에 유입해도 회원가입을 하지 않은 채 이탈하는 경우가 있다. 혹은 회원가입을 하고 제품도 살펴보고 마음에 드는 제품을 장바구니에 담기까지 했으나 결제는 하지 않고 이탈하는 경우도 있다. 이들은 왜 고객구매여정을 끝내지 않고 이탈했을까? 회원가입 과정이 지나치게 까다로워서, 장바구니에 물건을 담았을 때 무료 배송 혜택이나 할인 쿠폰이 적어서 등과 같이 여러 원인에 대한 가설을 세우고, 문제가 되는 부분을 해결하는 것이 바로 CRM 마케터의 역할이다.

소비자가 장바구니에 제품을 담았으나 구매하지 않은 이유가 5만 원 이상일 경우에만 무료 배송을 한다는 정책 때문이라고 가정한다면 '오늘만 배송비 무료'라는 앱푸시를 던져볼 수 있다. 그리고 이 정책이 많은 소비자의 결제를 유도했다면 가격 구조를 다시 한번 살펴보고 수정하는 작업을 하게 된다.

일반적으로 CRM 마케팅 활동을 꾸준히 하는 쇼핑몰은 그렇지 않은 쇼핑몰에 비해 고객이탈률이 30%나 적다. 고객구매여정이 무난하게 흘러가면 매출 성장에 가시적으로 도움이 되고, 마케터는 이를 통해 자신의 가설을 검증하고 강화하면서 성과 높은 소재를 자산화할 수 있다.

CRM 마케터의 업무

그럼 산업 현장에서는 CRM 마케터의 업무를 어떻게 정의하며 어떠한 인재를 뽑으려고 할까. 이와 관련하여 채용 사이트에 올라간 몇몇 기업의 CRM 마케터 구인 공고를 살펴보자. 의류 업체 중에서는 카카오스타일과 무신사, 교육 및 콘텐츠 관련 업체 중에서는 야나두, 윌라, 아이피나우, 세탁특공대의 채용 공고와 자격 요건 중 공통된 부분을 추려보았다.

기업들이 요구하는 CRM 마케터의 주요 업무를 기술한 사항을 정리하면 다음과 같다.

- CRM 캠페인 기획 및 운영
- 고객 분석 및 데이터 기반의 그로스 마케팅 수행(캠페인 A/B 테스트)
- 고객구매여정 단계별 전환 및 이탈 요인 분석 및 성과 최적화 진행
- 내부 채널 기반 고객 커뮤니케이션(LMS, 앱푸시, 카카오톡 채널, 채널톡, 이메일)
- 멤버십 프로그램 운영 및 개선
- CRM 전략 수립 및 관리지표 고도화

그리고 자격 요건은 다음과 같았다.

- CRM 캠페인을 직접 진행한 경험이 있는 사람
- 데이터 기반의 콘텐츠 소재 기획 경험이 있는 사람
- 메시지 최적화를 위한 A/B 테스트를 진행해본 사람
- 가설 수립 → 기획 → 실행 → 측정 → 개선 사이클을 수행해본 경험이 있는 사람

추가적으로 우대 사항은 다음과 같았다.

- 데이터 분석 역량이 뛰어난 사람

- 이커머스, 플랫폼 기업에서 CRM 업무를 진행해본 사람

- 멤버십 설계 및 구축 경험이 있는 사람

- Amplitude 사용 경험이 있는 사람

- 엑셀, SQL, 파워BI 등을 활용해 데이터 분석이 가능한 사람

- Braze, 빅인 등 마케팅 자동화 솔루션 사용 경험이 있는 사람

- UX Writing의 핵심 개념을 이해하고 실무에 적용할 수 있는 사람

각 기업이 CRM 마케터의 업무 범위와 자격 요건을 상세히 기술한 것을 알 수 있다. 그리고 창의성이나 상상력이 뛰어난 인재보다는 테스트를 통해 가설을 검증해봤거나 데이터에 익숙한 사람을 선호한다는 것을 알 수 있다. 또 특정 CRM 솔루션이나 데이터 분석 툴의 사용 경험을 우대 조건으로 내세우기도 했는데, 이는 내부에서 이미 해당 솔루션과 툴을 사용하고 있기 때문에 별도의 교육 없이 바로 현업에 투입시키기 위한 목적에서 기인한다고 볼 수 있다.

이를 통해 CRM 마케터의 업무를 정리해보면 다음과 같다.

- 고객 데이터를 분석하여 각 여정에 적합한 메시지를 설계하고

- 고객생애가치를 파악하여 이를 극대화할 수 있는 다양한 프로모션을 세우며

- 고객을 분류해 그룹별 다양한 캠페인과 프로모션 활동을 한다

이 업무를 수행하기 위해 마케터는 고객구매여정의 단계별 전환 및 이탈

요인을 분석하고 A/B 테스트*를 통해 성과가 높은 업무를 진행한다. 그리고 A/B 테스트를 위해서 직접 광고 소재를 기획하거나 프로모션, 이벤트를 설계하고 LMS, 앱푸시, 카카오톡 채널, 채널톡, 이메일 등의 커뮤니케이션 도구를 사용하여 정기적 혹은 비정기적으로 메시지를 발송한다. 최종적으로는 모든 결과의 성과지표를 분석하고 관리지표를 고도화함으로써 매출 증대에 힘쓰는 것이 바로 CRM 마케터의 역할이다. 실제 CRM 마케터는 업무량이 많고 잔업도 많으며 창의적인 인재보다 분석적인 인재가 적합하다. 퍼포먼스 마케터만큼이나 CRM 마케터도 업무에 얼마나 몰입했는지, 동기부여가 되었는지에 따라 해당 기업의 성과에 큰 영향을 미친다.

CRM 마케팅 시 유의 사항

나는 창업 극초기 단계의 스타트업부터 어느 정도 매출이 발생하고 있는 기업까지, 총 500곳이 넘는 업체를 대상으로 컨설팅을 진행해왔다. 이 기업들은 대체로 마케팅을 제대로 배워 사업 초기부터 내부에서 데이터를 관리하려고 했다. 외부 대행사에 맡길 수도 있지만 고객 데이터 관리의 중요성이 높아지다 보니 자연스럽게 인하우스 마케팅을 하려는 것이다. 그러나 이들은 인하우스 마케팅을 해본 적이 없기 때문에 어디서부터 어떻게 수행해야 할지, 어떻게 고객 데이터를 분류하고 관리해야 할지에 대한 방법을 모른다. 그 결과 비싼 CRM 솔루션을 도입해 연간 수천만 원을 지불하지만 데이터를 전혀 활용하지 못하고 있는 경우도 꽤 발견된다.

CRM 솔루션의 비용은 기업의 규모와 그동안 축적해온 데이터양에 따라 달

---

*   디지털 마케팅에서 두 가지 이상의 시안 중 최적의 소재를 선정하기 위해 실험하는 방법. 푸시 버튼, 이미지, 텍스트의 배치나 푸시 타이밍, 랜딩페이지 등을 다양하게 변형해보며 더 높은 관심을 보이는 버전을 확인한다.

라진다. 그러나 솔루션을 도입하기 전에 내부에서 CRM 마케팅을 할 역량이 있는지 그리고 마케터들이 솔루션을 적극적으로 활용할 준비가 되어 있는지를 파악하지 않고 무작정 도입할 경우, 비용은 비용대로 나가고 고객들의 데이터는 방치된다.

CRM 마케팅은 '데이터를 분석하고 활용'하는 데에서 빛을 발한다. 그러므로 마케팅 업무보다 데이터를 분석하는 데 많은 시간이 소요되고, 다양한 테스트를 해야 하므로 내부 팀워크와 여러 팀 간 협업도 필요하다.

영업 활동과 마케팅 활동을 함께해야 하는 B2B 기업에서 CRM 마케팅을 한다고 생각해보자. CRM 업무는 고객과의 관계를 맺는 과정부터 사후 관리까지의 과정을 포함한다. 예를 들어 우리 서비스를 도입하려는 소비자가 웹사이트에 1:1 문의를 남겼다면 온라인몰을 담당하는 마케팅팀이 해당 내용을 영업지원팀에 전달한다. 그리고 영업지원팀은 잠재 고객을 정리해 영업팀에 자료를 넘기고, 영업팀은 유선 또는 면대면 미팅 등 다양한 고객 접점 활동으로 소비자를 우리 고객으로 만든다.

이 예시를 통해 CRM 마케팅은 기업 내 마케팅팀, 영업지원팀, 영업팀의 협업으로 완성되는 것을 알 수 있다. 만약 마케팅팀이 영업지원팀에 관심 고객 정보를 제때 넘겨주지 않거나 무시할 경우 우리 고객이 될 수 있는 잠재 고객을 놓치게 되고, 기업 입장에서는 매출의 타격으로 이어질 수 있다. 이처럼 CRM 마케팅을 위해서는 기업의 내외부에 연결된 고객과 영업팀, 영업지원팀, 마케팅팀 등 모든 유관 부서가 기업의 접점에서 하나의 목소리를 낼 수 있어야 한다. 즉, 전사적인 팀워크 그리고 협력 관계가 중요하다.

1-5 CRM 마케팅을 해야 하는 시점

우리 회사에 CRM 마케팅이 필요할까? 필요하다면 언제 시작하는 것이 가장 적절할까? 우리 회사가 CRM 마케팅을 할 준비가 되어 있는지 알아보자.

먼저 두 가지 사례로 기업이 놓인 상황별 고객이 겪는 브랜드 경험을 이야기하겠다.

첫 번째 사례는 고객이 불량 제품을 구매한 경우다. 스프레이 탈취제를 구매했는데 분사되지 않는 불량이었다. 고객은 교환 또는 환불 문의를 위해 고객센터로 전화했다. 그러나 내부에 고객의 구매 데이터와 프로파일이 정리되어 있지 않아 CS팀은 고객에게 이름, 제품을 구매 시기, 구매 사이트를 묻는다. 그리고 상황을 파악해보니 해당 건은 불량접수팀에 연결해야 하는 경우였다. CS팀이 불량접수팀에 고객을 연결해주었지만, 데이터가 공유되지 않아 불량접수팀에서는 또다시 고객에게 언제 어떻게 제품을 구매했는지를 캐묻는다.

이러한 상황에서 고객은 어떠한 감정을 느낄까? 우선 회사 시스템이 엉망이라는 인식과 더불어 자신은 중요한 고객이 아니라고 생각하게 된다. 이런 고객은 결국 교환 또는 환불 이후에 쇼핑몰과의 인연을 끊는다. 그리고 경쟁 업체로 이동한다.

두 번째 경우도 동일한 이슈를 가진 고객이 CS팀으로 연락한 상황이다. 차이점이 있다면 회사가 고객데이터플랫폼을 구축한 상태라는 것이다. 고객이 CS팀으로 전화를 걸자 담당 직원은 걸려 온 전화번호를 확인한 후 CRM 관리 도구에서 고객의 프로파일을 열람한다. 이를 통해 이 고객이 제품을 언제, 어떠한 채널을 통해 샀는지에 대한 정보뿐만 아니라 구매 주기, 고객 등급, 지난 1년간 구매 횟수, 누적 구매액 등을 파악하고 얼마나 우리에게 중요한 고객인지도 알 수 있다. CS팀은 이 정보를 활용해 고객을 응대하며 콜백을 하겠다고 안내한 뒤 전화를 끊는다. 그리고 불량접수팀에 관련 내용을 공유한다. 해당 고객은 전화를 끊은 지 10분 이내에 불량접수팀의 전화를 받고 환불 대신 교환을 하면서 문제를 해결한다.

두 번째 상황에서 문제를 해결한 고객의 서비스 만족도는 어떨까? 첫 번째 경우와 달리, 고객은 이 회사에서 관리받고 있다고 생각하고 향후에도 지속적으로 해당 쇼핑몰에서 구매 활동을 이어나갈 것이다. 또한 고객은 우리 브랜드를 더 신뢰하고 친밀한 감정을 가지며 로열티를 형성해나갈 것이다.

두 사례를 통해 알 수 있는 점은 '기업 내 고객 데이터 통합 관리 유무에 따라 고객의 만족도도 달라진다'는 것이다. 고객은 기업을 인식할 때 CS팀과 불량접수팀을 분리해서 생각하지 않는다. 누가 전화를 받고 응대를 하든 고객은 이 제품을 판매하는 '하나의 기업'이라고 인식한다. 즉, 기업은 각각 다른 팀에서 고객과의 커뮤니케이션이 이루어진다고 생각하지만, 고객은 모두 하나의 채널로 인식하기 때문에 어느 팀에서 응대하든 고객 데이터를 바탕으로 고객에게 동일한 브랜드 경험을 선사해야 한다. 두 번째 사례와 같이 고객데이터플랫폼을 갖춘 경우, 내부 어느 팀이든 데이터에 접근해 고객 프로파일을 확인하고 고객의 정보를 사전에 파악해 프로페셔널하게 응대할 수 있다.

고객 데이터를 관리하고 지속적으로 업데이트하며 모두가 열람할 수 있는 환경에서의 고객 응대 방식은 궁극적으로 고객생애가치를 높인다. 앞에서도 언급했지만, 고객생애가치란 소비자 한 명이 우리 쇼핑몰에 머무는 전체

기간 내 창출하는 가치를 의미한다. 기업이 CRM 마케팅을 하는 최종 목적은 고객생애가치 상승에 있다고 해도 과언이 아니다. 이를 위해 CRM 마케터는 첫 구매 고객의 재구매 주기에 맞춰 구매를 유도하고, 때로는 업셀링 및 크로셀링을 통해 우리 브랜드 제품의 구매 단가를 높이는 활동도 한다. 이런 활동은 단기적인 ROAS 개선뿐만 아니라 고객이 우리 브랜드에 중장기적으로 록인lock in*하는 결과로 이어진다.

기업은 고객 데이터를 수집하고 데이터를 분류, 분석하는 과정에서 얻은 인사이트를 활용해 고객과의 관계에 깊이를 더하고 비즈니스 성과를 개선한다. 이 과정에서 고객과 기업 간의 관계는 한층 더 강화된다. 어느 접점에서 소통하든 간에 고객에게 '우리는 당신이 누구인지 잘 알고 있고, 우리는 당신을 소중하게 생각하고 있습니다'라는 생각을 심어주는 순간 고객은 단골이 된다. 그러므로 회사 규모와 상관없이 고객 데이터가 쌓이고 있다면 CRM 마케팅을 하는 것이 좋다.

CRM 마케팅 시행 전 체크리스트

어떠한 환경에 직면했을 때 CRM 마케팅을 적극적으로 실행해야 할까? 다음 네 가지 체크리스트를 통해 여러분의 기업 상황을 파악해보자.

- 매출이 정체돼 있다
- 고객 데이터는 충분히 많은데 어떻게 활용할지 모르겠다
- 단골 고객이 누군지 파악하기 어렵다
- 고객 서비스 만족도가 낮다

---

* '족쇄를 채운다', '잠근다'는 의미의 고객을 묶어두는 전략.

매출이 정체돼 있는 경우

첫째, 매출이 정체되어 있는 상황이라면 CRM 마케팅을 시행해야 한다. 매출이 그대로인 데에는 여러 이유가 있을 수 있다. 시장에 우리 제품과 유사한 제품들이 출시되어 제품의 경쟁력이 떨어지는 경우, 우리의 마케팅 방식이 더 이상 효과적이지 않은 경우, 소비자의 트렌드가 바뀌었거나 시장이 포화 상태인 경우 등이다.

나는 2017년부터 화장품, 식품, 공산품을 OEM original equipment manufacture* 방식으로 제조하고 퍼포먼스 마케팅을 활용해 제품을 판매해왔다. 그런데 신규 고객만을 대상으로 마케팅하다 보니 재구매율이 낮았고, 3년 차 이후부터는 매출 정체 현상이 발생했다. 매번 신규 고객만으로 매출을 만들려니 영업이익이 개선되지 않았던 것이다. 또한 소비자들이 광고에 피로를 느껴 구매전환율까지 떨어지기도 했다. 이렇듯 만약 여러분의 기업 매출이 정체되어 있고 기존에 확보한 고객을 전혀 활용하지 않고 있다면 즉시 CRM 마케팅을 도입해야 한다.

고객 데이터는 충분한데 어떻게 활용할지 모르겠는 경우

둘째, 고객 데이터는 많은데 어떻게 활용할지 모르겠는 경우 CRM 마케팅을 해야 한다. 여러분의 회사가 지난 몇 년간 꽤 많은 회원 수를 보유하고 있다고 하자. 매출은 어느 정도 발생하고 있지만 고객을 분류하는 시스템이 없어서 매번 어떠한 고객을 붙잡아야 할지, 어떤 마케팅을 강화해야 할지 모르는 상황이다. 몇 년간의 고객 데이터는 쌓였지만 이탈한 고객, 단골 고객, 재구매가 많은 고객 등으로 분류하지 않아 항상 전체 고객에게 동일한

---

*   주문자의 의뢰에 따라 주문자의 상표를 부착한 상품을 제작하는 생산 방식.

쿠폰을 발송하고 혜택을 제공하고 있다. 만약 이러한 상황이라면 CRM 마케팅을 당장 도입해야 한다. 그렇지 않으면 고객은 매번 동일한 쿠폰, 잦은 메시지에 피로를 느껴 언제든 떠날 수 있다.

CRM 마케팅의 시작은 가공되지 않은 데이터를 회사 상황에 맞게 유의미하게 골라내고 이를 기반으로 고객을 분류하는 데 있다. 그리고 회원가입 및 첫 구매한 이후 6개월 이내에 추가 구매를 하지 않은 고객에게는 어떤 메시지를 전송해야 할지 고민하고, 자주 방문하지만 구매 단가가 낮은 고객에게는 어떻게 업셀링, 크로스셀링할지를 고민해야 한다. 고객과의 접점에서 그들과 소통하고 그들을 관리하는 활동을 통해 추가 매출을 만들어내고 고객들을 잘 이해하게 되는 것이다.

단골 고객이 누군지 파악하기 어려운 경우

셋째, 단골 고객이 누군지 파악하기 어려운 경우다. 파레토의 법칙처럼 상위 20%의 고객이 회사 전체 매출의 80%를 견인하는 게 일반적이다. 단골 고객을 제대로 관리하면 이들은 브랜드 로열티를 가지고 기업에 더 많은 수익을 안겨준다. 그러나 단골 고객을 따로 관리하지 않아 이들이 신규 고객과 같은 대우를 받는다는 것을 인지하면 브랜드에 대한 애정이 떨어질 것이다. 나아가 더 좋은 혜택과 더 좋은 대우를 제공하는 경쟁 브랜드로 갈아탈지도 모른다. 백화점에서도 매년 VIP를 유치하고 관리하기 위해 상당한 마케팅 비용을 쓴다. VIP에게는 주차 서비스, 명절 선물, 높은 할인율과 적립 혜택 등을 제공한다. 다시 한번 강조하지만 이렇게 VIP 마케팅에 공을 들이는 이유는 상위 20% 고객이 매출 80%를 만들기 때문이다. 그러므로 단골 고객을 별도로 관리하지 않아 이탈을 방치하고 있다면 CRM 마케팅을 해야 한다.

고객 서비스 만족도가 낮은 경우

마지막으로 고객 서비스 만족도가 낮은 경우에도 CRM 마케팅을 시행해야 한다. 고객 서비스 질이 낮으면 고객유지율 역시 하락한다. 고객 서비스의 예시로는 CS팀의 업무 처리 속도를 들 수 있다. 이벤트 기간이라면 고객의 유입이 더욱 증가하는데, 이때 CS팀의 업무 처리 시간이 길어지면 곧바로 불만으로 이어진다. 고객의 상황에 따라 긴급한 이슈가 있고 시간을 두고 해결해야 할 이슈가 있다. 그러나 모두가 하나의 전화선으로 대기하고 순서 대로 해결하려고 들면 불쾌한 경험이 누적된다.

자주 묻는 질문이나 배송, 교환, 환불과 같은 일반적인 문의는 챗봇을 통해 쉽게 답을 얻을 수 있도록 프로세스를 자동화하면 고객 만족도가 훨씬 높아 진다. 또한 실시간 채팅, 화상 채팅, 전화, 메시지, 이메일 등 고객이 원하는 채널에서 소통할 수 있는 접점이 만들어지면 만족도가 자연스럽게 올라갈 수밖에 없다.

우리 브랜드에 우호적인 고객이 많아지면 그들은 자연스레 SNS나 구매 후 기 등을 통해 브랜드에 대한 애정이나 제품의 만족도를 표현하고, 이러한 흔적은 새로 유입하는 고객에게도 긍정적인 영향을 미친다. 브랜드 입장에 서는 기존 고객의 만족도를 높이는 동시에 신규 고객에게 좋은 첫인상을 심 어줄 수 있는 것이다. 이렇게 우리 회사의 고객 서비스의 처리 시간이 길고 고객유지율은 떨어지는 상황이라면 CRM 마케팅을 도입할 때다.

CRM은 단일 솔루션이 아니다. 고객과 기업 사이의 관계를 정의하고 관리 하는 것이다. 고객을 효과적으로 관리하고 고객의 브랜드 로열티를 높이기 위해서는 '분석'과 '개선' 작업이 동시에 이루어져야 한다. 고객을 분류하고 각 그룹에 맞게 맞춤 관리를 할 경우 브랜드 로열티와 기업 수익성은 저절로 증가한다. 국제 마케팅 정보 회사 Aberdeen의 CRM 세일즈 워크플로 자료에 따르면, CRM 마케팅을 도입할 경우 팀 매출 달성률은 32%, 개별 목표 달성률은 24% 정도 증가한다고 한다. 또한 잠재 고객이 고객으로 전환하는 비율은 23% 증가하고, 이들이 구매 고객으로 전환되는 확률은 11% 증가한다고 한다.

CRM 마케팅 도입 결정 후 고려 사항

CRM 마케팅을 시행하겠다는 의사결정을 내렸다면 추가적으로 다음의 사항을 고려해야 한다. 바로 CRM 마케팅을 시작하기 위해 내부 데이터 정리를 자체적으로 할 것인지, 전문 업체의 솔루션을 활용할 것인지에 대한 선택이다. CRM 마케팅은 흩어진 데이터를 모으고 분석하는 데에서 시작하기 때문에 그동안 관리하지 않았던 데이터를 일목요연하게 정리하는 작업이 선행되어야 한다.

만약 초기 스타트업이나 전자상거래 기간이 짧아 회원 수가 적을 경우 쌓인 데이터도 적기 때문에 내부에서 데이터를 정리해도 된다. 이때는 내부에서 고객의 프로파일을 정리하고 꾸준히 업데이트하며 CRM 마케팅을 시작할 수 있다. 그리고 내부에서 데이터를 관리하다가 매출이 일정 수준 이상 커지면 그때 CRM 솔루션을 이용해도 무방하다. 소기업이나 초기 스타트업이라면 CRM 솔루션을 도입하기 위해 정기적으로 수십만 원 이상의 비용을 쓰는 것이 곧 부담이다. 그러므로 고객 데이터를 엑셀이나 구글 스프레드시트의 대시보드를 활용해 내부적으로 정리하는 것도 방법이다.

대기업 또는 온오프라인 점포가 많은 기업의 경우 내부 개발팀을 통해 CRM 마케팅을 위한 고객데이터플랫폼을 구축할 수도 있고 솔루션을 도입할 수

도 있다. 내부에서 자체 플랫폼을 구축한다면 산재한 데이터를 어떻게 한데
모을 것인지에 대한 기획 그리고 고객과의 접점이 있는 모든 팀과의 커뮤니
케이션이 필요하다. 또한 데이터를 어디서부터 어디까지 모을지에 대한 범
위와 깊이까지 정의하는 작업도 필요하다.

1-6 CRM 마케팅을 위한 선행 작업 4단계

고객을 대상으로 하는 비즈니스를 영위하는 기업에는 결국 CRM 마케팅이 필요하다. 그렇다면 기업 내부에서 CRM 마케팅을 수행하기 위해서는 어떤 작업이 선행되어야 하는지 알아보자.

1단계 고객 데이터 모으기

내부에서 CRM 마케팅을 해야겠다고 의사결정했다면 가장 먼저 해야 하는 작업은 데이터를 모으는 일이다. 내외부에서 수집한 고객 데이터가 누락되지 않게 데이터가 생기는 접점을 나열하고 해당 접점을 연결해 하나의 통합 관리 도구 안에 집합한다. 이때 중요한 점은 CRM 고객데이터플랫폼은 중앙 집중화가 이루어져야 한다는 것이다. 고객, 파트너사, 유통사 등 모든 구조에서 획득하는 데이터를 한곳에 모아야 하며, 하나의 목소리로 고객과 커뮤니케이션해야 한다. 고객은 여러 채널에서 여러 팀과 소통한다 하더라도 각 채널을 분리해 생각하지 않는다. 하나의 기업으로 인지하고 관계를 형성하기 때문에 무엇보다도 소통 창구를 일원화하는 것이 중요하다.

2단계 고객 데이터 분류/분석하기

데이터를 모았으면 우리 고객의 특성을 이해하기 위해 고객 데이터를 분류하고 분석해야 한다. 이 데이터는 비즈니스 유형 혹은 비즈니스 성숙도에 따라 다를 수 있다. 그리고 분류한 데이터로 고객을 이해하는 작업이 필요하다. 이를 통해 우리 회사의 쇼핑몰에 방문하는 소비자는 월평균 어느 정도인지, 그중 몇 명의 소비자가 우리의 고객이 되는지 외에도 고객의 구매 주기, 구매 단가, 매출 기여도 등을 파악하는 과정을 거친다.

3단계 비즈니스 목표 수립하기

데이터를 모으고 분석하는 과정까지 마치면 회사는 본격적으로 측정 가능한 비즈니스 목표를 수립해야 한다. 여기서는 '측정 가능한' 목표여야 한다는 것이 중요하다. CRM 마케팅은 기본적으로 데이터 마케팅 기법에서 출발한다. 가설을 세우고 검증하는 과정은 모두 데이터의 개선을 근거로 한다. 개선해야 하는 데이터는 매출이 될 수도 있고 고객의 유지율을 높이는 것이 될 수도 있다. 어떠한 활동을 하든지 숫자로 표현할 수 있는 목푯값을 정하는 것이 선행되어야 한다.

비즈니스에서 측정 가능한 목표를 수립한다는 것은 어떠한 의미일까?

쉽게 설명하기 위해 퍼포먼스 마케팅에서 성과지표를 바탕으로 목표를 설정하는 방법을 살펴보자. 예를 들어 100만 원의 예산으로 SNS 광고를 집행하면 10만 명에게 노출되고, 이벤트 클릭률click through rate(CTR)은 평균 2.2%다. 그리고 이벤트를 클릭해서 들어온 소비자의 20%가 이벤트에 참여한다고 가정해보자.

- **광고 비용**: 100만 원
- **이벤트 노출**: 10만 명
- **이벤트 클릭률**: 2.2%
- **이벤트 클릭 수**: 2200명
- **이벤트 참여자**: 440명

이 숫자들을 통해 우리 회사가 이벤트에 100만 원을 썼을 때 평균 440명이 이벤트에 참여한다는 것을 알았다. 회사의 데이터가 평균적으로 이와 같은 흐름을 보인다고 할 경우 이번 이벤트 참여자를 1천 명으로 높이기 위해서는 예산을 얼마로 잡으면 될까? 답은 227만 2720원이다.

- **광고 비용**: 227만 2720원
- **이벤트 노출**: 22만 7272명
- **이벤트 클릭률**: 2.2%
- **이벤트 클릭 수**: 5천 명
- **이벤트 참여자**: 1천 명

이렇듯 기존 광고 데이터를 잘 관리하고 있으면, 새로운 이벤트를 설계할 때 손쉽게 예산을 책정할 수 있다. 내부에서 데이터를 관리하고 평균적인 회사의 성과지표를 이해하고 있다면 CRM 마케팅에 있어 측정 가능한 목표를 수립하는 것은 어렵지 않다.

4단계 우선순위 결정하기

우리 쇼핑몰에서 회원가입을 마친 고객의 35%는 구매로 이어지고, 50%는 장바구니에 제품을 담는 과정까지 진행하다가 이탈하고, 15%는 회원가입을 한 후 어떠한 행동도 없이 이탈했다고 가정해보자. 이러한 평균 데이터를 보유하고 있으면 CRM 마케터는 구매를 마친 고객은 우선순위에서 '중' 정도로 두고, 장바구니에 제품을 담았다가 이탈한 고객은 '상'으로 여겨 이들을 구매로 연결하게 하기 위한 목표를 세울 것이다. 이를테면 50% 고객 중 20%를 구매로 이어지게끔 마케팅 캠페인을 진행하자는 식으로 말이다.

CRM 마케팅 활동에는 업무의 우선순위가 분명히 있다. 회원가입을 하지도 않고 사이트에서 이탈한 고객보다 장바구니에 제품까지 담았는데 구매 없이 이탈한 고객의 우선순위가 훨씬 높다는 사실에는 누구나 동의할 것이다.

추가적으로, 측정 가능한 목표는 이렇게 설정할 수도 있다.

- 판매당 평균 객단가 높이기
- 고객 서비스 응답 시간 20% 개선하기
- 고객유지율 10% 개선하기
- 고객획득비용 10% 절감하기
- 잠재 고객의 구매전환율 개선하기
- 단골 고객의 재구매 기간 단축하기

앞서 언급한 예시들은 모든 회사의 상황에 동일하게 적용되진 않는다. 신생 기업이라 신규 고객이 대부분의 매출을 구성하고 있을 수도 있고, 재구매율이 높고 단골 고객이 많은 식품 쇼핑몰일 수도 있다. 이에 따라 CRM 마케터는 어떤 고객이 우리에게 중요한지 파악하고 그에 맞는 목표를 수립해야 한다.

CRM 마케팅을 위한 선행 작업을 정리해보면 다음과 같다.

> 고객 데이터 모으기 → 고객을 이해하고 고객 데이터 분류/분석하기 → 측정 가능한 비즈니스 목표 수립하기 → CRM 마케팅의 우선순위 결정하기

이 단계들을 모두 거쳤다면 이제 CRM 마케팅을 할 준비는 끝났다. 다음 장에서는 본격적으로 CRM 마케팅을 하는 다양한 방법과 실제 고객의 구매여정에 따른 시나리오를 세워 CRM 마케팅을 펼치는 방법을 알아보겠다.

핵심 용어 체크

현업에서 자주 쓰는 용어를 정확히 알면 CRM 마케팅을 이해하는 데 도움이 된다. CRM 마케팅 실전에 들어가기 전 핵심 용어를 정리하고 넘어가도록 하자.

우선 CRM 마케팅은 2019년부터 이커머스 비즈니스를 하는 기업에서 그 중요성이 꾸준히 커지고 있는데, 이는 구글의 서드파티 쿠키 중단 정책, 애플의 ATT 정책과 같은 개인정보보호법과도 궤를 같이 한다. 퍼포먼스 마케팅을 중심으로 마케팅 활동에 대한 사전 동의를 받거나 서드파티 쿠키 제공이 중단됨에 따라 마케팅 방식의 변화가 불가피해졌기 때문이다.

우리가 CRM 마케팅을 해야 하는 이유를 알기 위해서는 퍼스트파티 쿠키와 서드파티 쿠키에 대해 이해하고 넘어가야 한다. 우선 '쿠키'가 무엇인지 알아보자.

쿠키

쿠키cookie는 인터넷 사용자가 웹사이트를 방문했을 때 방문 기록과 같은 데이터를 저장하는 임시 텍스트 파일을 의미한다. 해당 웹사이트의 회원이 아니더라도 웹사이트 내에서 사용자가 입력한 내용, 상품 구매 내역, 신용카드 번호, 회원 ID, 비밀번호, IP주소 등의 사용자 행동이 데이터로 수집된다.

인터넷에 쿠키가 기본적으로 저장되는 이유는 사용자가 다음번에 동일한 웹사이트에 방문할 때 이전에 입력했던 정보를 다시 입력하지 않아도 접속할 수 있게 하기 위해서다. 쿠키 정보는 사용자 데이터를 파악하는 데 활용되며, 발행하는 주체에 따라 1인칭 시점의 퍼스트파티 쿠키와 3인칭 시점의 서드파티 쿠키로 구분된다.

퍼스트파티 쿠키

퍼스트파티 쿠키first-party cookie는 웹사이트에 방문하는 사용자의 쿠키를 발급하는 주체가 자사 쇼핑몰이다. 퍼스트파티 쿠키의 경우 우리가 직접 데이터를 얻기 때문에 웹사이트 내 사용자 행동 데이터를 수집하고 분석할 수 있다.

예를 들면 고객이 우리 웹사이트에서 어떤 제품을 검색했는지, 해당 제품의 상세페이지에는 얼마나 머물렀는지, 이벤트에는 참여했는지 등이 기록된다. 이러한 기록은 고객의 전화번호, 연락처와 같은 기본적인 정보와 함께 고객구매여정을 관리하는 데 중요한 역할을 한다. 따라서 기업 입장에서 이는 고부가가치 데이터가 된다.

서드파티 쿠키

서드파티 쿠키third-party cookie는 웹사이트에 방문하는 사용자의 쿠키를 다른 웹사이트에서 발행하는 것을 의미한다. 서드파티 데이터는 제3자의 기업이 직접적인 관계가 없는 사용자의 데이터를 수집한다고 보면 좋다.

예를 들어 구글은 파트너십을 맺은 다양한 뉴스 사이트와 커뮤니티의 광고 지면을 확보하고 있어서 사용자의 쿠키 데이터를 수집하고, 채널별로 활동하는 사용자의 데이터를 묶어 다른 기업에 판매한다. 이 데이터는 퍼스트파티 데이터보다 훨씬 광범위하고 인터넷 사용 흔적도 풍부하기 때문에 맞춤형 리타기팅 광고에 주로 활용된다. 그동안 퍼포먼스 마케팅이 활성화될 수 있었던 기저에는 이러한 서드파티 쿠키의 자유로운 활용에도 이유가 있다.

그러나 구글, 애플 등 플랫폼 생태계를 조성한 빅테크 기업들이 개인정보보호 정책을 강화함에 따라 서드파티 쿠키 수집을 중단하거나 사용자의 동의 없이는 광고 마케팅 활동을 할 수 없게 되었다. 그 결과 현재는 서드파티 쿠키 대신 퍼스트파티 쿠키에 주목하고 있다.

이제 쿠키, 퍼스트파티 쿠키, 서드파티 쿠키를 구분할 수 있으므로, CRM 마케팅을 위해 각 단계에서 획득한 데이터를 통합 관리하는 플랫폼에 대해 이야기할 차례다.

CDP와 CMP

퍼스트파티 데이터, 즉 자사 고객 데이터를 한데 모은 것이 CDPcustomer data platform (고객데이터플랫폼)이며 서드파티 데이터를 바탕으로 사용자의 데이터를 한데 모은 것을 DMPdata management platform(데이터매니지먼트플랫폼)라 한다. CDP에서는 획득한 데이터를 이용해 알림톡, 문자, 이메일, 앱푸시 등의 방법으로 인하우스 마케팅이나 리타기팅 마케팅을 한다면, DMP에서는 익명의 디지털 식별자 데이터를 활용해 광고 타깃을 정하여 마케팅할 수 있다.

CRM 마케팅에 대해 이야기할 때 가장 많이 등장하는 단어가 CDP인데, CRM 마케팅은 기본적으로 데이터 분석에서 시작하고 해당 데이터는 우리 사이트 내 고객의 구매여정에 근거하기 때문에 CDP에 대한 개념을 반드시 이해하고 있어야 한다.

우선 CDP는 다른 시스템에 접근할 수 있는 지속적이고 통합된 고객 데이터베이스를 생성하는 관리 시스템이다. CDP에서 모든 고객의 데이터를 집계하고 수집한 데이터를 각 사용자의 개별 데이터로 쪼개어 시각화할 수 있다. CDP를 통해 구매자 분석, 제품 분석, 전환 분석 등을 하는데, 우리 데이터를 어떻게 뽑아서 정렬하느냐에 따라 상세한 결괏값을 얻을 수 있다.

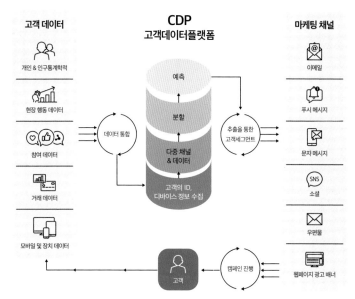

고객데이터플랫폼(CDP)의 구조도

이 플랫폼을 통해 주로 어떤 외부 채널을 통해 고객이 유입되는지, 어떤 기기를 사용했고 해당 기기의 버전은 어떠한지, 시간대별 평균 구매 수는 얼마나 되고 요일별 평균 구매 활동은 어떻게 일어나는지, 방문자 대비 구매전환이 얼마나 일어나는지 등의 구매자 분석 데이터를 획득할 수 있다. 또한 제품별 매출, 구매율, 관심 제품군을 분석하고 외부 유입된 검색어도 파악할 수 있다. 전환 분석과 관련 데이터 내에서는 전환 방문자의 유입 경로라든지 전환까지의 유입 횟수, 유입 유형별 간접 전환율, 구매전환까지의 소요 기간 그리고 방문자에 대한 여러 정보를 획득할 수 있다.

디지털 광고를 통해 자사몰을 키운 대부분의 이커머스 기업은 2019년부터 CRM 솔루션을 도입하여 본격적인 고객관계관리를 시작했고, CDP도 외부 솔루션과 연동하는 경우가 많았다. 그리고 CRM 솔루션 기업들은 고객을 분류하는 마케팅 서비스를 제공하는 데서 시작하여, 데이터를 통합 관리하고 AI로 고객을 분류하는 고도화된 기능까지 제공하는 CRM 마케팅 자동화 솔루션으로 영역을 점차 확장해가고 있다.

이렇게 CDP를 구축하거나 고객 데이터 솔루션을 도입하면 CRM 마케팅 준비 시간을 대폭 단축할 수 있다. 이전에는 마케터가 데이터를 수집, 집계, 분류하는 데 상당히 많은 시간을 소비했다면, 이제는 고급 솔루션을 통해 분석 및 전략에 집중할 수 있는 시간이 더 많아졌다.

CHAPTER

2

CRM 마케팅의
종류와 범위

2-1 고객구매여정의 설계

2장에서는 CRM 마케팅의 기본적인 종류와 범위 그리고 CRM 마케팅을 실무에서 어떻게 활용하는지 알아보려고 한다. 이에 앞서 CRM 마케팅의 뼈대가 되는 개념인 고객구매여정에 대해 알아보자.

고객구매여정

고객구매여정customer decision journey(CDJ)은 소비자가 우리 브랜드를 인지한 후 구매를 결정하기까지 이어지는 경로를 의미한다.

소비자가 화장품 온라인 쇼핑몰을 방문한다고 생각해보자. 인스타그램에서 우리 제품의 광고를 클릭해 쇼핑몰로 진입한 후 제품을 검색하고 상세페이지를 읽고 나서 장바구니에 제품을 담고 최종 결제까지 완료했다면 구매여정을 종료했다고 할 수 있다. 그러나 이 여정에는 온갖 장애물이 있다. 사이트에 들어와 회원가입을 하다가 이탈할 수도 있고, 장바구니에 제품까지 담았으나 결제하지 않고 이탈할 수도 있다. 이렇게 구매로 종료되지 않는 것 역시 고객구매여정이다. CRM 마케팅은 소비자들이 겪는 다양한 구매여정 중에서 기업이 원하는 방향으로 고객의 여정을 마치게끔 수행하는 모든 활동이다.

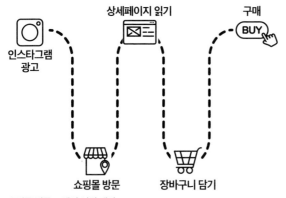

상세페이지 읽기

구매

인스타그램 광고

쇼핑몰 방문

장바구니 담기

쇼핑몰 방문 고객의 여정 예시

CRM 마케팅에서는 마케팅 경로를 관리할 때 '소비자'와 '고객'을 구분하는 경우가 많다. 소비자와 고객을 비슷한 개념으로 보기는 하지만, 이 책에서는 회원가입을 기준으로 우리 회원이 된 소비자는 '고객'이라 칭하고, 아직 회원이 되지 않은 소비자는 '소비자'라 부를 것이다. 이렇게 정의하면 우리의 잠재 고객, 즉 소비자를 위한 마케팅은 '고객획득' 마케팅이 되고, 우리 회원, 즉 고객을 위한 마케팅은 '고객유지' 마케팅으로 구분할 수 있다. 소비자를 위한 마케팅에는 외부 채널에서 내부 채널로 이어지는 퍼널에 따라 다양한 마케팅 기법이 활용되고, 고객을 위한 마케팅에는 재구매, 체류 시간 증가, 잦은 방문 등을 유도하고 브랜드 로열티를 강화하는 마케팅 기법이 활용된다.

CRM 마케팅 활동에서 관리해야 하는 사람들은 바로 '고객'이다. CRM에 있어 고객구매여정을 관리하는 목표는 '일회성 구매로 그치는 것이 아닌 소비자가 우리의 회원, 즉 고객이 되어 반복적으로 구매하게 만드는 것'이다.

AARRR 모델 5단계

그렇다면 고객의 구매여정은 어떻게 펼쳐질까?

기업에서는 대개 AARRR이라는 모델을 기반으로 CRM 마케팅 전략을 수행한다. AARRR 모델은 고객의 행동에 기반하여 획득 – 활성화 – 리텐션 – 추천 – 수익의 5단계를 거친다. 각 단계의 의미는 다음과 같다.

AARRR 모델

이 단계에 대한 고객행동을 측정하는 질문은 다음과 같다.

- **획득**: 고객은 어떠한 채널에서 유입되는가?

- **활성화**: 고객이 초기 경험에 만족하는 비율은 몇 %인가?

- **리텐션**: 시간이 지나도 고객이 재방문하는가?

- **추천**: 친구에게 말할 정도로 만족하는가?

- **수익**: 이러한 행동으로 수익을 창출할 수 있는가?

CRM 마케터는 이 다섯 개의 단계에서 다음과 같은 사항을 고려한다.

1단계 획득

첫 번째로 고객획득 단계는 소비자가 우리 쇼핑몰에 진입하여 회원가입을 하는 단계다. 이 단계에서 마케터들은 어떠한 광고 채널, 마케팅 채널이 효과적인지를 확인하고 고객획득비용customer acqusition cost(CAC)을 산출한다. 쇼핑몰별로 고객획득비용은 상이한데, 이 단계에서 마케터의 중요 KPI는 고객획득비용을 낮추는 데 있다. 이를 위해 부가적으로 확인하는 성과지표로 신규 고객 수, 유입 트래픽, 클릭률(CTR), 월간활성사용자(MAU), 일간활성사용자(DAU) 등이 있다.

2단계 활성화

두 번째 단계인 활성화는 고객이 우리 제품이나 서비스를 체험하고 긍정적인 첫인상을 갖도록 만드는 과정을 의미한다. 이 단계에서 기업은 고객들의 쇼핑몰 이용 패턴을 분석하면서 개인화된 추천, 소비자의 니즈를 반영한 상세페이지 구성, 웹사이트의 UI/UX 최적화 작업 등을 진행한다. 이러한 일련의 노력은 고객들을 우리 브랜드에 록인lock- in하기 위한 장치다. 이 단계에서 마케터는 주로 고객의 이탈률, 해지율, 월간활성사용자(MAU), 일간활성사용자(DAU), 사용 빈도, 평균 구매 단가 등을 확인한다.

3단계 리텐션

리텐션은 고객이 우리 제품, 서비스를 사용한 후 지속적으로 들어오게 하는 전략을 수립하는 단계다. 이 과정에서 마케터들은 얼마나 많은 고객이 우리 쇼핑몰을 주기적으로 다시 찾는지 파악하기 위해 다각도로 접근한다. 예를 들어 쿠폰을 제공해서 고객의 반응을 체크하거나 다양한 프로모션 캠페인을 진행해보면서 어떤 혜택을 제공할 때 더 적극적인 구매전환이 이루어지는지를 분석한다. 또한 주로 고객별 그룹을 나누고 일반 고객, 단골 고객, 이탈 가능 고객 등을 분류해 이에 맞는 CRM 마케팅을 전개한다. 이때는 주로 체류 시간, 방문 주기, 이벤트 참여율, 클릭률, 고객유지율, 이탈률, 고객생애가치 등을 성과지표로 확인한다.

4단계 추천

다음은 고객이 서비스나 제품을 주변에 추천하는 단계로, 기존 고객이 자신의 친구, 가족, 동료 등 다른 사람들에게 제품과 서비스를 추천하는 것을 의미한다. 기업이 신규 고객 비용을 절감하면서 신뢰도 높은 고객 기반을 확장하는 데 유리한 단계다. 추천 단계에서는 기업들이 여러 추천 프로그램을 통해 고객에게 보상을 제공하며 적극적인 참여를 유도하고 관계를 강화한다. 이때 마케터는 추천 수, 추천에 기인한 구매전환율, 바이럴 계수* 등을 성과지표로 확인한다.

5단계 수익

마지막으로 수익 창출, 매출 단계에서는 기업이 자사 제품이나 서비스로부터 더 많은 수익을 창출하기 위한 방법에 초점을 둔 전략을 실행한다. 이를 위해 기업들은 가격 전략의 최적화, 제품 및 서비스 다양화, 고객 멤버십 프로그램 활성화, 온오프라인 유통 채널 확장 등의 전략을 실행해 고객의 브랜드 로열티를 강화한다. 또한 고객구매여정 개선을 통해 지속적으로 구매를 유도하고 고객생애가치 관점에서 고객과의 관계를 강화해나가며 정교한 CRM 마케팅 활동을 펼친다. 이 단계에서 마케터가 주로 체크하는 성과지표

---

*   한 명의 고객이 새로운 고객을 얼마나 많이 유치하는지에 대한 평균적인 수치.

로는 평균주문가치(AOV), 광고구매전환율(ROAS), 고객당평균수익(ARPU)이다.

앞서 이야기한 AARRR 모델에 기반한 CRM 마케팅 전략은 대부분의 기업에서 활용하는 방법이지만, 그렇다고 해서 전적으로 이 여정만 신뢰해서는 안 된다. 왜냐하면 고객들이 항상 획득 – 활성화 – 리텐션 – 추천 – 수익의 선형적인 방향으로만 흐르지는 않기 때문이다. 고객의 경로가 추천에서 활성화로 이동해 수익으로 종료되기도 하고, 획득에서 바로 구매 활동으로 이어지기도 한다. 즉, 5단계로 단순화한 고객구매여정을 모든 비즈니스 모델에 적용하기는 어려울 수 있다. 특정 산업이나 비즈니스 모델의 특징 역시 반영하지 못할 수 있으므로 각 기업의 상황에 맞게 변형하여 적용해야 한다.

또한 AARRR 모델만 이용할 경우 단계별 성과지표나 KPI만으로는 고객의 행동을 심층적으로 분석하기 어려울 수 있고, 고객이탈이나 구매 결정에 영향을 미치는 다양한 변수를 계산하지 못할 수도 있다. 그리고 경쟁 환경이나 경제 상황 등의 외부 요인이 고객의 행동에 미치는 영향을 고려하지 못한다는 한계도 분명히 있다. 그러므로 CRM 마케팅을 수행할 때는 기본적으로 AARRR 모델에 기반해 고객구매여정을 설계하되, 기업 환경에 맞게 변수를 고려하면서 성과지표를 다양하게 분석하는 것이 중요하다.

이렇게 해서 CRM 마케팅에서 가장 필수 개념인 고객구매여정과 AARRR 모델에 대해 살펴봤다. 여러분의 비즈니스에 적용할 때는 모델 그대로 따르기보다는 우리 서비스의 고객구매여정은 어떻게 흘러 가는지 먼저 확인하고 거기에 맞게 AARRR 모델을 변형해서 적용하는 것을 추천한다.

고객구매여정의 이점

고객구매여정을 설계했을 때 기업에 도움이 되는 점은 다음과 같다.

- **고객의 이해 및 공감 향상**: 고객구매여정을 설계하면 고객의 생각, 감정, 행동을 단계별로 분석하고 고객의 니즈와 고민을 정확하게 파악할 수 있다. 그 결과 고객의 입장에서 공감하는 마케팅 전략을 수립해 고객과의 소통을 강화하고 브랜드 이미지를 개선하는 데 도움이 된다.

- **타기팅 및 메시지 최적화**: 설계한 고객구매여정으로 각 단계에서 고객이 보이는 행동 특성에 맞춰 맞춤형 메시지와 콘텐츠를 제공하고 이를 통해 구매전환율을 높일 수 있다. 여정에 따른 길목에서 마케팅을 펼치면 낭비되는 리소스는 줄이면서 마케팅 효율을 높일 수 있다.

- **고객 경험의 개선**: 현재 고객구매여정에서의 문제점을 발견하고 이 문제들을 해결하는 과정에서 고객 경험이 개선된다. 아주 쉬운 예로 기존 회원가입 단계에서 받았던 이름, 전화번호, 주소, 생년월일, 이메일, 연락처와 같은 각종 정보를 입력하는 대신 '카카오로 가입하기'와 같이 기존에 사용하는 SNS와 연동해 회원가입을 간편하게 할 수 있다면 고객들은 편의를 느끼고 긍정적인 경험을 쌓게 된다.

- **마케팅 채널 파악 및 터치포인트* 전략 수립**: 단계별로 효과적인 마케팅 채널을 파악하고 방법이 무엇인지 파악할 수 있고 터치포인트를 선정해 전략적으로 마케팅 활동을 할 수 있다. 예를 들어 어떤 기업은 카카오 친구톡을 통해 소식을 전하고 어떤 기업은 앱푸시 기능을 사용해 소식을 알리는데, 이러한 메시지 전달 방식은 플랫폼별 고객의 특성에 기인한 활동들이다. 이렇게 고객이 선호하는 채널로 마케팅하면 브랜드 로열티는 더욱 높아진다.

- **ROI 극대화**: 각 단계를 전략적으로 관리하기 때문에 투자 대비 효과적인 마케팅 전략을 수립하고 궁극적으로 수익률을 극대화할 수 있다. 고객구매여정을 고려하지 않고 다른 기업들이 하는 식으로 따라 진행하는 식이면 '열심히는 하는데 성과가 없다'라는 이야기가 나올 수밖에 없다. 우리 고객의 이동 경로에 맞는 채널을 찾아 그 채널에 집중적으로 마케팅 활동을 펼치면 내부 리소스는 줄어들고 고객의

---

* 특정 브랜드 제품에 대한 사용 경험, 주변 사람의 입소문, 광고, 웹사이트, 패키지 등을 통해 소비자가 브랜드를 경험하는 순간.

전환율은 올라가기 때문에 투자수익률 역시 자연스럽게 높아진다. 그러므로 고객 구매여정 설계를 통한 마케팅 전략은 기업에 있어 매우 중요하다.

추가적으로 고객구매여정을 설계하고 마케팅으로 얻은 데이터를 바탕으로 우리 제품과 서비스 개발의 우선순위를 세우고 진열을 다듬는 작업도 동반 해야 한다.

2-2 온사이트 마케팅과 챗봇

이번 절부터는 CRM 마케팅의 다양한 방법에 대해 알아보겠다. CRM 마케팅은 크게 온사이트 마케팅, 문자 마케팅, 앱푸시 마케팅, 이메일 마케팅으로 실행할 수 있다. 가장 먼저 온사이트 마케팅과 온사이트 마케팅의 자동화 도구인 챗봇에 대해 알아보자.

온사이트 마케팅

온사이트 마케팅은 말 그대로 on-site, 즉 웹사이트를 방문한 소비자를 대상으로 사이트 내에서 이루어지는 다양한 마케팅 활동을 의미한다. 소비자가 이동하는 접점에서 실시간으로 개인별 관심사에 맞는 자동화된 메시지를 노출해 구매여정을 종료할 수 있도록 유도하는 기법이다. 대표적인 예로 사이트 내에 생성되는 팝업이나 푸시 메시지 등이 해당된다.

참고로 오프사이트 마케팅off-site marketing은 웹사이트가 아닌 외부에서 이루어지는 마케팅 기법을 의미한다. 이메일, SMS 등을 활용해 고객을 다시 웹사이트에 접속하도록 유도한다.

우선 오프라인 쇼핑몰을 방문하는 상황으로 예를 들어보자. 어느 소비자가 오프라인 화장품 매장을 방문했다. 매장 직원은 소비자를 반갑게 맞이하고 궁금해하는 제품에 대해 설명해주거나 테스트를 해볼 수 있도록 도와주면서 적극적으로 고객을 응대한다. 고객은 제품을 테스트하면서 내 피부에 맞는지 살펴보고 여러 제품을 비교해보면서 제품을 구매할지 최종 결정을 내린다.

만약 이러한 서비스가 온라인에서도 제공되면 어떨까? 온라인몰에 방문했더니 백화점 매장 직원이 도와주는 것처럼 '무엇을 도와드릴까요?'라고 묻는 챗봇이 등장해 소비자가 서비스를 쉽게 이용할 수 있게 돕는다. 그리고 소비자가 보는 상품들을 잘 기억해두었다가 '최근 당신이 검색한 화장품과 유사한 아이템'이라며 맞춤형 상품을 추천하고, 소비자가 제품을 장바구니에 담았더니 '오늘 구매하면 배송비 무료!'라는 쿠폰이 뜬다. 온라인 쇼핑몰에서의 이러한 경험은 고객의 쇼핑 만족도를 높이고 구매 결정을 촉진한다. 이렇게 온라인 쇼핑몰에서 소비자가 이동하는 경로에 따라 설계하는 마케팅이 온사이트 마케팅이다.

온사이트 마케팅을 위한 준비 사항

온사이트 마케팅을 잘하려면 사전에 시행되어야 하는 두 가지 준비 사항이 있다.

- 홈페이지 개선
- 고객분류

하나씩 살펴보자.

온사이트 마케팅을 하기 위해 가장 먼저 해야 하는 작업은 **홈페이지 개선**이다. 고객구매여정에 따라 소비자들이 사이트를 쉽게 이용할 수 있게 사용의 편의성을 개선해야 한다. 그리고 이들이 오래 머무는 지점을 분석하여 어떤 메시지를 보낼지 설계 및 사용자의 검색에 기반한 추천 등 진열 알고리즘을 개선하는 작업이 선행되어야 한다.

이와 관련하여 재미있는 그림을 하나 보자. 다음 그림은 여정을 설계하지 않은 쇼핑몰에서의 소비자 움직임을 표현한 것이다. 불규칙적으로 정신없이 움직이는 것을 알 수 있다.

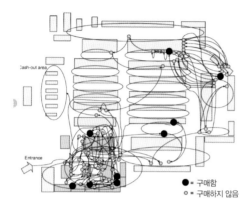

쇼핑몰을 돌아다니는 고객의 움직임(출처: 리서치게이트)

쇼핑몰의 메뉴 구성, 내비게이션 위치, 각종 배너, 추천 영역을 비롯해 진행하는 이벤트, 상세페이지 구성, 추천 아이템 등에 따라 소비자들의 움직임은 천차만별로 달라진다. 이러한 소비자의 움직임에 규칙성을 부여하기 위해 하는 것이 온사이트 마케팅이다. 이를테면 소비자들이 쇼핑몰에 접속했을 때 가장 먼저 '슬라이드 팝업'을 띄워서 이벤트 메시지를 먼저 보여주어 고객이 우리가 설정한 방향대로 움직이게 하는 것처럼 말이다. 이러한 기능들을 구현하기 위해서는 앞서 이야기한 대로 쇼핑에 최적화되도록 홈페이지를 개선해야 한다. 즉, 내부 개발 작업이 필요하다는 의미다.

만약 내부에 이러한 온사이트 마케팅을 할 개발팀이 없다면 솔루션 업체를 통해 서비스를 도입할 수 있다. 시중에 경쟁하는 솔루션 업체로는 애피어, 빅인, 그루비, 브레이즈, 이프두, 스냅 등이 있다. 만약 여러분이 솔루션을 활용할 경우 기업별 기능 차이를 비교해보고 어떤 기업들이 해당 솔루션을 적용했는지에 대한 레퍼런스를 먼저 살피는 게 좋다. 그리고 해당 기업 사이트에 들어가 쇼핑 여정을 확인했을 때 내가 원하는 지점에 원하는 메시지가 송출되고 원하는 진열, 추천이 이루어졌다면 그 업체의 솔루션을 도입해도 무방하다. 더불어 대부분의 솔루션 기업은 1개월 무료 프로모션을 제공하므로 본 서비스 도입 전 테스트하거나, 사전에 데모 버전을 사용해보는 것을 추천한다.

온사이트 마케팅 솔루션을 도입해 사용하기로 의사결정했다면 사전에 우리 쇼핑몰의 고객구매여정을 시나리오로 구성해두는 것이 좋다. 외부 솔루션 업체는 내부 상황을 잘 모르기 때문에 내부 마케터가 전체 여정을 구체적으로 짜두고 솔루션 기업에 맞춤형 기능을 요청하는 것이 좋다.

또한 마케터는 내부에 가장 필요한 시나리오를 기획해두는 것도 좋다. 예를 들어 5만 원 이상 구매할 경우 무료 배송하는 정책이라면, 고객이 3만 3천 원 정도의 제품을 장바구니에 담았을 때 1만 7천 원 정도의 추천 제품을 노출하여 무료 배송을 유도하는 것이다. 이렇게 내부 정책에 기반하여 어떻게 제품을 진열하고 팝업 시점은 언제가 적절한지에 대한 시나리오를 준비하고 있으면 솔루션을 100% 활용할 수 있다.

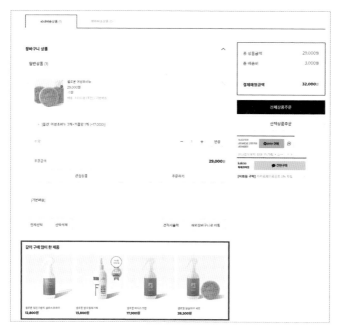

장바구니에 물건을 담은 고객에게 보이는 자동 추천

두 번째로 선행되어야 하는 작업은 쇼핑몰 내부 기준에 따른 **고객분류**다. 이를테면 회원가입을 하지 않고 둘러보기만 하는 소비자, 회원가입은 했지만 구매가 없는 신규 고객, 구매한 후 다시 방문한 고객, 꾸준히 찾아오는 단골 고객과 같이 고객을 내부 기준에 따라 분류해야 한다. 이를 '고객을 세그먼트로 나눈다'고 표현하는데, 이렇게 분류된 그룹에 따라 마케터는 각각 다른 메시지를 설계해 소비자들에게 전송한다.

예를 들어 회원가입하지 않은 고객이 앱을 방문했을 때 회원가입으로 전환을 유도하기 위해 '카카오로 1초 만에 회원가입하기', '1초 카카오톡 채널 친구하기'와 같은 슬라이드 팝업을 띄우면 소비자는 회원가입이 간단하다고 생각하여 빠르게 가입할 수 있다.

또 고객이 쇼핑몰에 들어와 회원가입까지 마쳤으나 제품을 구매하지 않고 이탈하는 경우라면 첫 구매를 유도하기 위한 마케팅 목표를 세우고 고객 그룹을 나누어 메시지를 보낼 수도 있다. 이를테면 '회원님, 방문 기념 A 혜택을 드립니다' 혹은 '신규 회원 이벤트! 100원부터 시작하는 핫한 이벤트를 놓치지 마세요'라는 메시지를 보내는 것이다. 그러면 해당 그룹의 고객은 혜택을 얻기 위해 쇼핑몰을 방문하고 여정을 다시 시작하게 된다. 만약 신규 회원 이벤트 메시지 하단의 '구매하러 가기' 링크를 클릭해서 쇼핑몰에 방문했을 때 쇼핑몰에서 'OO님, 재방문을 환영합니다. 첫 구매 혜택을 누리러 가볼까요?'라는 메시지가 나왔다고 하자. 개인화된 메시지를 받은 고객은 재방문에 대한 긍정적인 경험을 갖게 될 것이다. 그리고 이러한 긍정적인 경험이 쌓이면 결국 제품이나 서비스 구매로 이어진다.

회원가입을 유도하는 메시지(좌) 회원가입 후 이탈한 고객을 위한 메시지(우)

온사이트 마케팅의 세부 활동

온사이트 마케팅을 위한 선행 작업인 홈페이지 개선과 고객의 분류가 이루어졌다고 가정했을 때 본격적으로 다음과 같은 마케팅 활동이 가능하다.

- 모바일 앱 첫 화면을 이용해 이벤트하기
- 자동 진열 알고리즘 활용하기
- 장바구니를 비우기 직전 끼워 팔기
- 비식별데이터를 활용해 다른 상품 제안하기

하나씩 예시를 통해 살펴보자.

첫 번째, **모바일 앱의 첫 화면 이벤트**다. 각 기업은 첫 화면 전면에 배너를 노출하거나, 하단 팝업 메시지를 보여주거나, 화면 전체를 덮는 배너를 통해 고객들의 첫 행동을 유도하는 전략을 펼친다. 고객은 첫 화면에 나타나는 이벤트가 가장 핫하고 나에게 도움이 될 것이라고 생각해 해당 이벤트 페이지로 이동한다. 모바일 첫 화면 배너는 기업이 매출을 올리기 위해 제일 주력하는 곳이다. 고객들은 마케터가 기획하는 시나리오대로 행동하고 첫 화면 배너를 클릭하며 구매여정을 시작하게 된다.

다음 이미지는 각각 29CM, 젝시믹스, 젝시믹스, yes24 모바일 앱의 첫 화면이다.

모바일 앱의 첫 화면 이벤트

두 번째, 자동 진열 알고리즘을 활용할 수 있다. 온사이트 마케팅은 최근 AI 기술과 결합하면서 훨씬 고도화되었다. 내가 검색한 것을 기반으로 제품을 추천하거나 내가 좋아하는 장르나 취향을 선택하면 해당 취향을 반영해 제품을 진열하는 등 개인화된 맞춤 추천 서비스가 강화되고 있다. 이에 따라 소비자는 모든 사람에게 동일한 팝업 메시지를 보여주거나 모두가 동일한 쿠폰을 제공하는 기업들을 외면하고 '나만을 위한 서비스'를 제공하는 기업으로 이동하고 있다. 그로 인해 고객이탈이 많은 기업에서는 반강제적으로 온사이트 마케팅을 고도화할 수밖에 없는 상황이 되었지만, 궁극적으로는 고객이 원하는 서비스를 고객이 원하는 방식으로 제공함으로써 고객가치 극대화 측면에서 긍정적인 변화라고 볼 수 있다.

관련 예시를 살펴보자. 다음 이미지는 AI 자동 진열 알고리즘에 기반하여 상품을 추천해주는 SSF 앱 화면이다. 장바구니에 담은 상품을 바탕으로 'Buy it with', '코디 제안 상품', '회원님을 위한 추천 상품'을 차례대로 추천해준다. 그러면 고객은 장바구니에 담긴 제품과 함께 구매할 만한 제품이 있는지 구매 전에 한번 더 둘러보게 되고, 마케터가 설정한 여정대로 추천 제품까지 추가로 결제하면 구매 금액은 자연스럽게 올라간다.

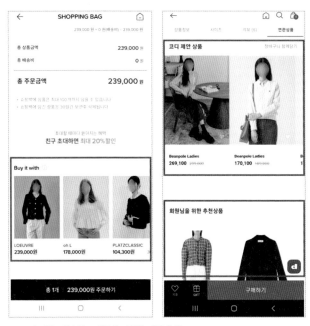

SSF의 자동 진열 알고리즘에 기반한 제품 추천

한편 자동 진열 알고리즘을 활용하여 제품의 추천, 개인화된 추천 외에도 홈페이지 메인, 카테고리 메인에서의 제품 진열도 자동화할 수 있다. 자동 진열 알고리즘은 정해진 주기에 페이지별 자동 진열 최적화, 카테고리의 자동 변경, 누적 판매순에 따른 노출, 노출도 낮은 제품의 역진열 등 수많은 옵션에 따라 진열을 변경하면서 소비자들에게 볼거리를 제공할 수 있다.

세 번째, 장바구니 비우기 직전의 끼워 팔기 전략을 들 수 있다. 이 마케팅은 내가 2019년 처음 온사이트 마케팅 솔루션을 사용했을 때 흥미롭게 봤던 기능이다. 요즘에는 AI 자동 진열 알고리즘을 활용해 앞서 설명한 예시처럼 세팅할 수도 있지만, 초기에는 마케터가 수동으로 제품을 선택해 진열했다.

장바구니 단계에서 다음 이미지와 같은 메시지를 보여주는 것 역시 전략적인 온사이트 마케팅의 예시다. 임의의 제품을 장바구니에 담았더니 쿠팡 앱에서는 '자주 산 상품 함께 담기'를 권장하는 이미지가 나타나서 평소에 재구매를 많이 한 제품을 보여주었다. 나의 재구매 주기를 고려해 선별한 제품을 보여주는 방식이었다. 젝시믹스 앱의 경우 장바구니에 담은 제품과 같이 코디한 아이템을 진열해 보여주는 것 이외에 구매 직전에 특가 제품 이벤트를 다시 보여주는 전략을 썼다. 이 이벤트 배너를 보고 소비자는 최종구매 전에 할인전을 보고 구매하자는 생각으로 제품을 한번 더 탐색하여 결과적으로 더 높은 금액의 구매로 이어질 수 있다.

장바구니 끼워 팔기 전략 예시

네 번째, **비식별데이터를 활용해 다른 상품을 제안**할 수 있다. 다음 예시는 CRM 마케팅 솔루션 업체 채널톡의 마케팅 레시피다. 사용자가 페이스북, 인스타그램, 구글 광고를 보고 유입했을 때 자동으로 메시지를 보여주는 방식이다.

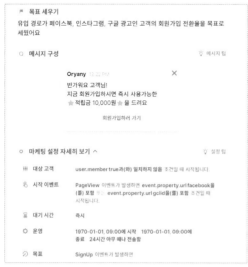

SNS 유입 고객을 위한 자동화 메시지

이러한 메시지를 설정해두면 소비자는 '반가워요 고객님! 지금 회원가입하시면 즉시 사용 가능한 적립금 1만 원을 드려요'라는 메시지를 받게 된다. 이는 SNS 광고를 통해 유입된 소비자의 회원가입을 촉진하는 온사이트 마케팅이다.

채널을 좀 더 세분화하여 경로를 설계하는 방법도 있다. SNS 광고에 따라 랜딩페이지*를 다르게 설정하고 해당 랜딩페이지에 들어왔을 때 각각의 첫 메시지를 다르게 제작하는 것이다. 예를 들어 페이스북 광고에는 파우더,

---

*   인터넷의 링크를 클릭했을 때 연결되는 페이지.

카카오톡 광고에는 립스틱을 노출했다고 가정하자. 그리고 파우더를 노출한 페이스북 광고의 랜딩페이지는 파우더 제품의 상세페이지로, 립스틱 광고가 노출된 카카오톡 광고의 랜딩페이지는 립스틱 제품의 상세페이지로 이동하도록 유도한다. 해당 랜딩페이지에 방문한 소비자들에게 각 상품에 맞는 메시지를 추가로 보여주면 비식별데이터로 유입된 소비자들에게도 적절한 온사이트 마케팅을 할 수 있다.

온사이트 마케팅은 이외에도 매우 다양하게 구성할 수 있다. 수많은 패션 기업과 뷰티 브랜드에서 온사이트 마케팅을 정교화하고 있으니, 여러 레퍼런스를 수집해보면서 우리 회사에 적절한 마케팅 방법을 찾는 과정이 필요하다.

정리해보면 온사이트 마케팅은 사이트 전반에 대한 구조를 설계 및 점검하고, 쇼핑몰에 진입하는 소비자의 식별데이터, 비식별데이터에 따라 개인화된 메시지를 전송하여 소비자가 구매여정을 마칠 수 있도록 돕는 기법이다.

챗봇

이번에는 챗봇에 대해 살펴보자. 챗봇은 온사이트 마케팅의 자동화 툴로써, 기존의 CS 센터에서 사람이 유선으로 응대했던 소통 방식이 아닌 인공지능을 이용해 만든 소프트웨어가 소비자를 응대하는 서비스를 의미한다. 인공지능 기반의 자동 대화 시스템으로 고객과 상호작용해 질문에 답하거나 제품 정보를 제공하고 자주 하는 질문에 빠르게 답변함으로써 고객의 만족도를 높일 수 있다. 챗봇에는 배송, 교환, 환불, 입금 확인 등 고객이 CS팀에 가장 많이 문의하는 질문들을 사전에 세팅해둘 수 있다. 챗봇이 해당 질문에 답할 수 있도록 자동화해두면 고객 입장에서도 빠르게 문제를 해결할 수 있고, CS팀에서도 반복적인 일들에 대한 리소스를 줄일 수 있다.

챗봇 시나리오의 예시와 구성 방법

시나리오를 구성해 챗봇을 사용하는 예시로 채널톡을 살펴보자.

채널톡 홈페이지에 들어가면 우측 하단에 챗봇 아이콘이 있다. 그리고 '채널톡에 문의하기'를 누르면 다음 다섯 개의 질문 유형을 선택할 수 있다.

- 채널톡은 어떤 서비스인가요?
- 도입 상담할래요
- 사용 중이에요
- 비대면 바우처 문의
- 클라우드 바우처 문의

채널톡의 챗봇 시나리오 구성 예시

'도입 상담할래요'를 클릭하는 사람은 신규 사용자, '사용 중이에요'를 클릭하는 사람은 기존 고객일 것이다. 도입 상담을 선택했을 경우 그다음 질문으로 직원 수를 묻는다. 사용자가 해당 질문에 맞는 답을 선택하면 담당자가 연락할 수 있도록 이름, 연락처, 회사명을 묻고 이를 기재하면 챗봇이 종료된다.

이러한 시나리오를 사전에 세팅해두면 서비스를 도입하려는 기업이나 솔루션 기업 모두 서로가 원하는 정보를 간편하게 얻을 수 있다. 일단 전화로 구구절절하게 문의할 필요 없이 신규/기존 사용자인지, 몇 명의 직원을 보유하고 있는지, 어떤 서비스가 필요한지를 사전에 파악하고 미팅을 진행할 수 있다.

시나리오를 기반으로 한 챗봇 외에도 챗봇 기능을 도입해 상담사가 직접 고객 문제를 응대할 수도 있다. 다음 쿠팡의 예시를 보면 상담사가 직접 1:1 채팅을 통해 문제를 해결하고 있는데, 여기서 하나의 포인트는 문의하기 전 고객에게 가장 최근에 구매한 상품 리스트를 띄워주는 것이다. 일반적으로 상담 문의는 최근 구매한 상품에 대해 교환, 환불, 배송, 제품 이상 등에 대한 내용이 많기 때문에 처음부터 문제가 있는 상품을 클릭하고 문의를 시작하게끔 세팅한 것이다.

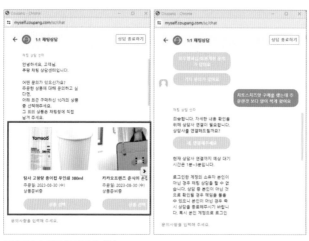

쿠팡의 1:1 채팅 문의하기 예시

이렇게 고객이 상품을 선택한 후 문의하면 상담사는 어떤 제품으로 문의가 들어왔는지 쉽게 파악하여 빠른 응대가 가능하다. 고객 입장에서도 과거에는 고객센터에 전화해 구매했던 제품번호나 구매번호를 상담사에게 알려줘야 했지만, 이제는 클릭 몇 번으로 쉽게 상담할 수 있게 되었다. 이처럼 챗봇을 활용하면 기업은 반복적이고 단순한 문의 내역을 자동으로 답변하여 효율성과 생산성을 높일 수 있고, 고객 역시 편의성 개선으로 더 나은 쇼핑을 경험할 수 있다.

그렇다면 챗봇 시나리오를 어떻게 구성하는지 살펴보자. 다음 화면은 우리 회사 브랜드에서 구성한 챗봇 시나리오다. 챗봇 관리자 화면에 들어가면 다음과 같이 세팅할 수 있다. 예를 들어 우리 회사 CS팀으로 자주 들어왔던 문의를 먼저 적어두고 시나리오를 설계한다. 우리 고객이 가장 많이 하는 문의는 입금 확인, 배송, 전화 주문, 채팅 주문이었고 이를 시나리오에서 선택지로 두었다.

셀로몬의 챗봇 시나리오 예시

이렇게 챗봇 시나리오를 미리 구성해두면 고객은 자신에게 맞는 선택지를 클릭하여 바로 문제를 해결할 수 있다. 만약 고객의 문의 사항이 선택지에 없을 경우에는 가장 하단에 있는 '상담원 연결'을 누르면 CS팀 직원과 1:1 채팅 방식으로 소통하게 된다.

이미지의 우측 화면에서 알 수 있듯이, 하루에 들어온 문의 61건 중에 14.8%는 채팅으로 주문하기를 선택했고 13.1%는 전화로 주문하기를 선택했다. 또 9.8%는 배송 일정, 4.9%는 입금 확인을 문의했다. 이를 통해 CS 상담원은 하루 평균 가장 많이 들어오는 상담의 종류를 사전에 파악할 수 있고 더욱 효율적으로 고객을 응대할 수 있다.

챗봇 솔루션 사용의 장점

챗봇 솔루션을 사용하지 않고 카카오톡, 네이버 톡톡, 라인, 인스타그램 다이렉트 메신저 등 여러 메신저를 사용한다면 모든 문의에 일일이 대응해야 한다. 그러나 최근 솔루션들은 여러 채널에서 들어오는 소비자 문의를 하나의 채널 내에서 관리할 수 있는 기능을 제공한다. 그 결과 CS팀은 각각의 메신저에 들어가 응대할 필요 없이 솔루션 내에서 통합적으로 운영 및 관리할 수 있다.

또한 챗봇 솔루션을 활용할 경우 고객의 프로파일을 사전에 살펴볼 수 있다. 언제 어떠한 제품을 구매했고 지난 6개월간 몇 회 재구매했으며, CS팀으로 문의한 이력이 있다면 어떤 문의를 남겼는지 살펴볼 수 있다. 이러한 데이터가 꾸준히 축적되면 고객을 유형별로 분류하고 CRM 마케팅을 본격적으로 시작하는 데 도움이 된다.

2-3 문자 마케팅

문자 마케팅은 메시지 송신 기반의 마케팅이며 텍스트, 이미지, 영상 등 다양한 콘텐츠가 결합된 커뮤니케이션 방법이다. 문자 마케팅도 온사이트 마케팅과 마찬가지로 CRM 마케팅 실행 방법 중 하나다.

문자 마케팅은 핸드폰이 대중화되었던 2000년대 초반부터 지금까지 마케팅에 꾸준히 사용되고 있다. 불과 10년 전만 해도 SMSshort message service 마케팅이 스팸으로 인식되는 경우가 많았다. 기업들이 문자를 반복적으로 보내기도 했고 보이스피싱 같은 범죄에 활용되는 경우도 발생하다 보니, 소비자에게 문자가 공해로 여겨지던 때도 있었다. 그러나 최근 고객들은 스마트 소비를 하면서 자신에게 필요하다고 생각하는 메시지에 한해서는 적극적으로 받아들이는 모습을 보인다. 이와 더불어 SMS를 활용한 마케팅이 다시금 뜨고 있고, 데이터에 기반한 문자 마케팅 솔루션이 등장하면서 더욱 고객 친화적이면서 개인화된 마케팅을 할 수 있게 되었다.

문자 마케팅의 종류에는 SMS 외에도 카카오톡으로 발송하는 친구톡, 알림톡 등이 있다. 기업은 이렇게 다양한 채널의 문자 마케팅을 통해 이벤트, 적립금, 혜택, 배송 등을 안내하며 고객 편의를 위한 서비스를 제공한다.

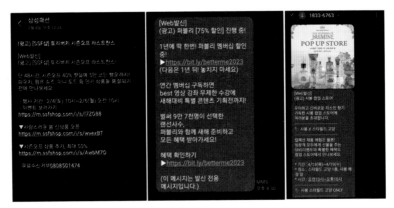

SMS 마케팅 활용 예시(삼성패션, 퍼블리, 사봉)

문자 마케팅을 하는 채널은 기업별로 다르다. 예를 들어 29CM, 페스룸, 메디큐브, 무신사 등 대형 패션, 반려동물 브랜드 중 일부는 카카오 친구톡을 활용하고, 컬리, SSF, 퍼블리와 같은 플랫폼은 SMS 마케팅을 CRM 수단으로 이용한다. 또 그로우앤베터와 같이 SMS, 친구톡을 함께 사용하는 경우도 있다. 기업별로 다른 채널을 활용하는 이유는 업체의 핵심 고객군이 선호하는 채널이 다르기 때문이다. CRM 마케팅을 잘하는 기업은 이미 SMS 문자, 친구톡 등 여러 검증을 통해 최적의 채널을 찾아 마케팅하고 있다.

문자 마케팅을 하기 위한 조건

문자 마케팅을 하기 위해 필요한 조건은 다음과 같다.

- 광고 마케팅에 대한 고객의 사전 동의
- 광고 내용 앞에 '광고' 문구 표기
- 광고 수신거부 방식 노출

광고 마케팅에 대한 고객의 사전 동의

먼저 문자 마케팅은 광고 메시지를 고객의 커뮤니케이션 채널에 뿌린다는 의미이므로 광고 마케팅에 대한 사전 동의를 받아야 한다. SMS와 친구톡 모두 기본적으로 자사 쇼핑몰 혹은 플랫폼에 기재한 아이디/이름/전화번호에 근거하여 발송된다. 그러므로 사전에 고객이 정보 수집에 동의했다는 전제하에 마케팅을 시작할 수 있다. 카카오 친구톡의 경우 기업들이 정기적으로 활용하는 채널인데, 이 채널을 활용하려면 고객이 먼저 기업의 카카오톡 채널을 추가해야 한다.

다음 이미지는 이벤트를 안내하는 친구톡 메시지다.

채널 추가 친구톡 예시(그로우앤베터, 아디다스, 삼성패션, 29CM)

광고 내용 앞에 '광고' 문구 표기

문자 마케팅을 위한 두 번째 조건은 '광고'라는 문구를 표기해야 한다는 것이다. SMS나 카카오 친구톡을 통해 광고 메시지를 발송하려면 반드시 문자의 앞에 '(광고)'라고 표기해야 한다. 정보통신망법에 의거한 기준으로 '광고성 정보를 전송시 (광고) 표기를 의무로 해야 한다'는 규칙을 따라야 하기 때문이다.

광고 수신거부 방식 노출

마지막으로 소비자가 광고 메시지를 받고 싶지 않을 경우 언제든 거부할 수 있도록 수신거부 방식을 노출해야 한다.

다음 이미지는 조공, 발란의 친구톡 메시지이며 각각 (광고)와 (수신거부) 표시를 하고 메시지를 보냈음을 알 수 있다.

광고 표시 및 수신거부 표기 예시(조공, 발란)

친구톡과 알림톡

친구톡

친구톡은 카카오톡으로 발송하는 메시지로, 고객이 '마케팅 수신동의'를 해야만 보낼 수 있다. 카카오톡에서 친구톡을 보내려면 카카오 비즈니스에 회원가입한 후 [채널]에 들어가서 [메시지 보내기]를 하면 된다.

친구톡 발송을 위한 카카오 비즈니스 화면 예시

카카오 친구톡은 다양한 형태의 메시지를 보낼 수 있는 템플릿을 제공하는데, 기업들의 요구에 따라 템플릿이 지속적으로 개선되고 있다.

다음 이미지는 2023년과 2024년의 친구톡 템플릿 예시다. 2023년에는 기본 텍스트형, 와이드 이미지형, 와이드 리스트형, 캐러셀 커머스형을 제공했는데, 2024년에는 기존 네 가지 템플릿에 외에 프리미엄 동영상형과 캐러셀 피드형이 추가되었음을 알 수 있다.

카카오 친구톡 템플릿의 2023년(좌), 2024년(우) 버전

초기 기업들은 기본 텍스트형과 와이드 이미지형의 템플릿을 많이 사용했지만, 최근 제품 수를 많이 보유한 패션, 뷰티 앱은 캐러셀 커머스형, 캐러셀 피드형 메시지를 많이 활용하고 있다. 최근 패션, 뷰티 앱은 캐러셀 커머스형, 캐러셀 피드형 메시지를 많이 활용한다. 하나의 메시지에 여러 행사를 함께 노출할 수 있어 다양한 제품군을 보여줄 수 있기 때문이다.

일부 기업들은 많은 내용의 메시지를 하루가 멀다하고 발송한다. 그런데 고객 입장에서 메시지를 지나치게 자주 받으면 선호하는 기업의 메시지일지라도 점차 피로가 쌓이고 스팸이라 여겨 결국 채널을 차단할 수 있다. 나 또한 매일같이 알림이 오는 채널을 차단한 사례가 꽤 있다.

CRM 마케팅이라는 것은 결국 고객 입장에서 이해하고 이들이 진정 원하는 게 무엇인지 파악해 적절한 수준의 마케팅을 하는 것이다. 물론 현업에서 '적절한 수준'을 파악하는 것은 매우 어렵다. 그러므로 문자 마케팅을 진행한다면 얼마나 자주 보냈을 때 고객이 좋아하는지, 고객이 선호하는 메시지인지, 고객이 적극적으로 반응하는지를 확인하는 것이 중요하다.

알림톡

알림톡에 관해서도 살펴보자. 알림톡은 상업적 메시지인 친구톡과는 달리, 카카오톡 채널을 추가하지 않은 고객에게도 발송 가능한 '정보성 메시지'다. 알림톡은 광고성 메시지를 쓸 수 없고, 영리 목적의 정보가 아닌 고객 보호 차원에서 필요하다고 판단되는 내용일 경우 고객의 동의 없이 발송할 수 있다는 점이 친구톡과 구분된다. 카카오나 네이버에서 모두 발송할 수 있고 주문 접수, 배송 현황, 환불 현황, 적립금 현황 등 고객이 알아야 할 정보를 담은 메시지가 알림톡에 해당한다.

다음 이미지는 각각 앙트레브, SSF SHOP, 29CM, 젝시믹스에서 발송한 배송 관련 알림톡이다. 기업별로 메시지 내용은 조금씩 상이하다. 앙트레브의 경우 주문한 날짜, 상품명, 택배사, 운송장번호를 메시지에 넣었고 배송조회 버튼을 클릭하면 바로 확인 가능하게끔 했다. 젝시믹스는 내가 주문한 제품명을 상단에 써서 어떤 제품의 배송이 시작되었는지 한눈에 볼 수 있게 했다.

기업의 배송을 안내하는 알림톡 예시(앙트레브, SSF SHOP, 29CM, 젝시믹스)

다양한 플랫폼에서 직접 구매하며 받은 알림톡 포맷을 레퍼런스로 모으고, 이를 통해 우리 고객이 필요로 하는 정보를 가장 많이 담은 포맷을 참고하여 활용해보길 바란다.

문자 마케팅 성과지표 분석과 유의 사항

친구톡 발송 후 관리자 화면에서 통계 데이터를 볼 수 있다. 기업의 담당자들은 메시지를 발송한 후 친구 수는 얼마나 늘거나 줄었는지, 성별이나 연령 같은 데모그래픽은 어떠한지, 어느 지역에 많이 분포해 있는지, 친구 유지율은 어떠한지 등을 살펴봐야 한다.

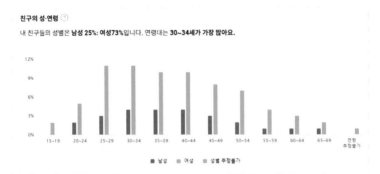

친구톡 성별, 연령 통계 데이터

친구 유지율 ⑦

이번달에 채널을 추가한 5명 중 **100%**가 월말까지 친구상태를 유지하고 있어요.   차트 설명 열기 ∨

채널 추가일	채널 추가한 친구수	0개월차 유지율	1개월차 유지율	2개월차 유지율	3개월차 유지율	4개월차 유지율	5개월차 유지율
2023년 09월	3명	66%	66%	66%	66%	66%	66%
2023년 10월	6명	66%	66%	66%	66%	66%	
2023년 11월	8명	50%	50%	50%	50%		
2023년 12월	3명	33%	33%	33%			
2024년 01월	7명	57%	57%				
2024년 02월	5명	100%					

친구톡 추가 후 5개월간의 친구 상태 유지율

내가 친구톡을 발송했던 메시지의 각 항목에 대한 의미를 살펴보자.

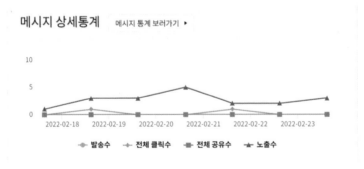

친구톡 메시지 상세통계

- **발송수**: 고객에게 발송한 메시지의 실시간 누적 수
- **노출수**: 친구톡 채팅방에서 메시지를 읽은 고객 수(고객별로 집계되기 때문에 사용자 한 명당 하나의 기기에서 여러 번 읽었다 하더라도 1회만 집계된다)
- **전체 클릭수**: 고객이 클릭한 횟수의 합계
- **전체 공유수**: 고객이 해당 메시지를 다른 사람에게 공유한 횟수

친구톡 외에도 다른 솔루션을 통해 문자 마케팅을 진행하면 발송 요청수, 실패수, 수신수, 발송률, 수신율, 오픈율이라는 단어로 통계를 제공한다. 각 단어의 의미는 다음과 같다.

- **발송 요청수**: 친구톡 발송 시 정상적인 연락처 형식을 갖는 수신번호를 합한 수
- **발송수**: 발송 요청 대상자 중 실제 발송된 수신번호를 합한 수
- **실패수**: 발송 요청 대상자 중 발송 실패된 수신번호를 합한 수
- **수신수**: 발송 건 중 실제 수신이 완료된 수신번호를 합한 수
- **발송률**: 발송수/발송 요청수를 계산한 % 값
- **오픈율**: 오픈수/발송 요청수를 계산한 % 값

다음 이미지는 내가 운영했던 플랫폼의 친구 수 데이터다. 2023년 7월, 서비스를 종료한 이후로 친구톡을 운영하지 않다 보니 점점 친구 수가 줄어들고 있음을 알 수 있다.

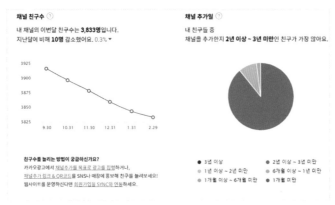

운영하지 않은 친구톡의 친구 수 감소 예시

만약 여러분이 현재 운영하는 플랫폼과 서비스의 친구 수가 감소하고 있다면 메시지의 주기성 및 적절성이 잘 관리되고 있는지, 그룹별로 적절한 메시지를 발송하고 있는지 등을 살펴봐야 한다. 지나치게 많은 메시지를 보내 고객이 이를 스팸으로 여기지 않는지 파악해야 하고, 메시지를 보낸 직후 친구 수의 변화에 따라 콘텐츠가 적절한지 파악해야 한다. 더불어 고객별 그룹을 나누어 메시지를 보냈을 때 유입률이 높은지, 일괄적으로 같은 메시지를 보냈을 때 유입률이 높은지 등의 메시지별 성과지표도 파악하는 것이 좋다.

문자 마케팅 시 꼭 알아야 하는 세 가지

문자 마케팅을 할 때 마케터가 꼭 알고 있어야 하는 사항에 대해 이야기하겠다.

- 발신번호 사전 등록

- 무료 수신거부 번호 추가

- 야간 문자 제한

발신번호 사전 등록

먼저 발신번호 사전 등록부터 살펴보자. 2015년 10월 16일부터 전기통신 사업법 제84조 발신번호 사전 등록제를 시행함에 따라 인터넷으로 발송되는 모든 문자 메시지에는 사전에 등록된 전화번호를 사용해야 한다. 허위 번호 표시로 인한 이용자 피해를 막기 위한 조치로 강제 적용해야 하는 사항이다.

다음 이미지는 NHN DATA의 CRM 솔루션 다이티Dighty의 문자 마케팅 관련 매뉴얼 가이드다. 문자 메시지를 보내려면 사전에 발신번호를 등록해야 함을 알 수 있다. 마찬가지로 친구톡, 카카오모먼트 내에서 엑셀 업로드 방식으로 할 경우에도 사전 등록 과정을 거치게 된다. 기존 채널을 추가한 고객들을 대상으로 할 경우 클릭만으로 대상자를 쉽게 선택할 수 있다.

다이티 AI BOX - NHN 클라우드 제공 문자 메시지 매뉴얼

080 무료 수신거부 번호 추가

두 번째로, 무료 수신거부라는 문구와 080으로 시작하는 수신거부 번호를 모든 광고의 최하단에 추가해야 한다. 아무리 우리 고객이 광고 마케팅 문자 수신에 동의했다고 해도, 매회 '광고'임을 인지시켜야 하며 소비자가 원하지 않을 때는 이를 '수신거부'할 수 있는 장치를 마련해야 한다는 것이다.

야간 문자 제한

마지막으로 알아야 할 사항은 고객의 사전 동의 없이 야간에 광고 메시지를 발송하는 것이 정보통신망법에 의거해 제한돼 있다는 점이다. 여기서의 '야간'이란 저녁 9시 이후부터 다음 날 오전 8시 사이를 의미하며, 야간에 광고 메시지를 전송하기 위해서는 기존 광고 마케팅 수신동의와 야간 발송에 대한 별도 동의를 받아야 한다.

이렇게 해서 문자 마케팅의 세 가지 종류인 SMS, 친구톡, 알림톡에 대해 알아봤다. 어떠한 방식을 활용해 마케팅하는 것이 유리한지는 고객 분석에 달려 있다. 그러므로 우리 고객은 SMS, 친구톡, 알림톡 중 어떤 메시지에 더 집중하고 어떤 행동으로 이어졌는지를 분석하면서 효율적인 의사소통 수단을 찾는 것이 중요하다.

2-4 앱푸시 마케팅

이번 절에서는 CRM 마케팅 방법 중 앱푸시 마케팅app-push marketing에 관해 이야기하겠다. 앱푸시 마케팅이란 모바일 앱을 운영하는 주체가 앱을 다운로드한 사용자에게 직접적으로 보내는 메시지를 의미한다. 다음 이미지처럼 상단바 알림이 켜지는 형태로 모바일 잠금 화면에 나타난다.

앱푸시 마케팅 예시

앱푸시 마케팅은 모바일 애플리케이션을 사용하는 소비자에게 앱푸시 마케팅은 모바일 애플리케이션을 다운로드받아 사용하는 소비자에게 메시지를 푸시 형태로 보내는 방식이므로, 다른 마케팅보다 훨씬 빠르고 효과적이다. 앱푸시 메시지도 앞서 살펴본 문자 마케팅과 동일하게 고객의 사전 광고 마케팅 메시지 수신동의가 전제되어야 발송할 수 있다. 수년 전만 해도 텍스트 형태로만 발송할 수 있었으나, 최근에는 이미지 또는 동영상 콘텐츠와 함께 메시지를 보내는 방식이 가능해졌다. 이를 통해 고객은 앱에 접속하지 않고 메시지만으로 어떤 이벤트가 진행되는지 빠르게 파악할 수 있다.

앱푸시 마케팅을 하는 이유

그렇다면 기업은 왜 앱푸시 마케팅을 할까? 크게 세 가지 이유를 들 수 있다.

- 무료 비용
- 개인화된 메시지
- 적은 고객 거부감

하나씩 살펴보자.

무료 비용

우선 앱푸시 마케팅은 '앱푸시'라는 단어에서도 알 수 있듯이 푸시 마케팅의 일종이다. 기업이 소비자와 밀당하는 마케팅을 푸시 마케팅push marketing과 풀 마케팅pull marketing이라 부르는데, 푸시 마케팅은 기업이 소비자에게 메시지를 밀어 넣는 방식이고 풀 마케팅은 소비자가 기업을 찾아오게 만드는 방식이다. 앱푸시 마케팅은 푸시 마케팅을 기반으로 하고, 기업의 모바일 앱을 통해 메시지를 발송하기 때문에 SMS, 친구톡과는 달리 온드 미디어 owned media* 채널로 무료로 발송할 수 있다.

---

* 기업 자체가 보유하고 있는 다양한 커뮤니케이션 채널. 자사 블로그 또는 인스타그램 등이 해당된다.

일반적으로 문자 마케팅은 고객당 10~100원 사이의 비용이 청구된다. 만약 1천 명의 고객에게 문자를 발송한다면 최대 10만 원을 써야 한다. 그에 비해 앱푸시 마케팅은 기업이 소유한 채널에서 메시지 수신에 동의한 고객들에게 메시지를 보내기 때문에 무료로 가능하다.

그러나 광고 마케팅 수신동의를 했다고 해서 모든 고객이 앱푸시 마케팅에 적극적으로 반응하지는 않는다. 어떤 메시지는 스팸으로 여겨지고 또 어떤 메시지는 클릭으로 이어진다. 실제 업계에서는 푸시 마케팅 발송 시 평균 1~3%의 열람률을 보이는 것으로 추정한다. 그런데 간혹 일부 기업에선 평균을 웃도는 클릭률을 보이는 경우도 있다. 어떤 경우일까? 바로 다음에 나오는 앱푸시 마케팅을 하는 두 번째 이유인 개인화된 메시지와 관계가 있다.

개인화된 메시지

앱푸시 마케팅으로 개인화된 메시지를 발송할 수 있다. '메시지를 잘 만들어서 전송하면 소비자들이 알아서 방문하고 이용하겠지?'라고 생각할 수 있지만, 시장에는 비슷한 기능과 비슷한 서비스를 제공하는 기업들이 너무나 많다. 소비자는 하나의 모바일 기기에서 수많은 메시지를 비교하기 때문에 기업들은 항상 경쟁 환경에 놓인다. 누가 잘하는지 못하는지를 한눈에 볼 수 있다는 뜻이다. 그래서 앱푸시 마케팅 열람률을 높이기 위해서는 메시지를 전략적으로 설계해야 한다. 예를 들어 누구에게, 언제, 어떻게, 얼마나 자주 보내야 할지와 같은 구체적인 액션 플랜이 있어야 한다.

통계 분석 업체 스태티스타는 미국의 스마트폰 사용자를 대상으로 '너무 많은 앱푸시를 받을 때 어떻게 하는가'에 대해 질문했다. 그 결과 다음 이미지처럼 42%의 사용자는 인앱in-app* 설정을 변경한다고 답변했고, 39%는 모든 알림을 끈다고 답변했다. 지나친 앱푸시 마케팅 활동은 80% 이상 거부로 이어질 수 있다는 것을 알 수 있다.

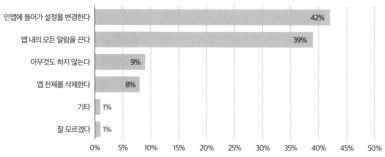

과도한 앱푸시를 받을 때의 고객 반응(출처: 스태티스타)

내가 사용하는 쇼핑몰 앱 중에서도 매일 앱푸시를 보내는 기업이 있다. 앱푸시 외에도 친구톡으로 특가 이벤트를 안내하거나 내가 '히든 특가 혜택 대상자'에 당첨됐다고 알리기도 하는데, 문제는 '히든 특가 혜택 대상자', '당첨자'라는 단어를 남발하다 보니 기업에 대한 신뢰가 떨어진다는 점이다. 누구나 받는 메시지일 거라고 생각하게 될 뿐만 아니라, 매번 당첨자라고 표현하는 것에 거부감까지 생긴다. 이렇게 잦은 푸시 메시지와 과도한 혜택은 쇼핑몰 앱에 대한 친밀도를 떨어뜨리고, 심한 경우 앱 삭제로 이어질 수도 있다.

그래서 등장한 것이 '자동화 시스템'이다. 최근 앱푸시 마케팅이 고도화되면서 소비자에게 메시지를 너무 자주 발송하지는 않으면서 개인화, 맞춤화된 메시지를 자동으로 보내는 것이 가능해졌다. 더 나아가 초개인화된 메시지

---

* 앱 내에서 이루어지는 활동을 포괄하는 개념.

를 보내는 경우도 많다. 예를 들어 내가 장바구니에 담았다가 결제하지 않은 제품이 있을 경우 '해당 상품이 곧 품절돼요'라고 안내하거나 '재입고 알림 신청했던 제품이 입고됐어요'와 같이 초개인화된 메시지를 보내면 고객은 '나를 위한 메시지'라 생각해 클릭할 가능성이 훨씬 높아진다. 마케터는 이러한 시스템을 활용하기 위해 고객을 분류하고, 사전에 그룹별 맞춤 메시지를 설계해두면 좋다.

적은 고객 거부감

앱푸시 마케팅은 휘발성이므로 고객 거부감이 적다. 푸시 알림은 이메일, 친구톡, 메시지와 달리 축적되지 않고 한 번 확인하면 더 이상 볼 수 없으므로 고객이 느끼는 피로도와 거부감이 상대적으로 덜하다.

또한 실시간 이벤트에 휘발성의 특징을 활용하기도 좋다. 이벤트 발생, 프로모션 진행 상황에 맞춰, 사용자 관심도가 높은 순간에 실시간 메시지를 보내면 높은 전환율을 달성할 수 있다. 예를 들어 내가 좋아하는 브랜드가 라이브커머스에서 저녁 8시부터 한 시간 동안 60~80% 할인 이벤트를 한다는 앱푸시를 발송했다고 하자. 그러면 메시지를 받자마자 어떤 제품을 할인하는지 확인하러 들어갈 확률이 높다. 나 역시 선호하는 브랜드가 업무 외 시간에 라이브커머스로 특가 행사를 하면 대부분 들어가서 확인하곤 한다.

정리하자면 기업이 앱푸시 마케팅을 하는 이유는 공짜로 이용할 수 있고, 자동화 시스템으로 개인화된 메시지를 발송할 수 있으며, 실시간 휘발된다는 특징으로 고객 거부감이 적기 때문이다. 그 외에도 앱푸시 마케팅은 고객들의 반응을 즉각적으로 확인할 수 있고 간편한 접근성으로 고객과 소통하기 쉬우며, 고객의 행동 데이터를 빠르게 캐치할 수 있다는 장점이 있다.

앱푸시 마케팅 시 고려해야 할 사항

앱푸시 마케팅을 진행하기 위해서는 다음 세 가지를 고려하면 된다.

- 누구에게 보낼지
- 언제 보낼지
- 어떻게 보낼지

누구에게 보낼지

첫 번째로 누구에게 보낼지의 기준을 정하기 위해 고객분류를 먼저 해야 한다. 앞서 고객구매여정을 설명했듯이 퍼널 단계에서 아래로 내려올수록 고객은 우리 브랜드와 서비스에 많은 관심을 보인다. 퍼널의 윗 단계에 머무는 고객은 브랜드와의 유대감이 상대적으로 낮기 때문에 언제든지 이탈하고 다른 브랜드로 애정을 돌릴 수 있다. 그러므로 개인화된 앱푸시로 행동을 유도하기 위해서는 고객분류가 선행되어야 한다. 이때 고객을 분류하는 기준은 기업별로 다르지만, 대개 회원가입 여부, 회원가입한 날짜, 장바구니에 제품 저장 여부, 마지막 방문 일시, 구매 횟수 등을 고려한다. 예를 들어 고객구매여정의 첫 단계에 해당하는 회원가입을 한 고객에게는 '회원가입 혜택'을 메시지로 정리해 앱푸시 마케팅을 진행할 수 있고, 장바구니에 제품을 담은 고객에게는 '장바구니 비우면 오늘만 배송비 무료'와 같이 결제를 유도하기 위한 맞춤형 푸시 마케팅을 진행할 수 있다.

언제 보낼지

두 번째로 고려할 부분은 언제 보낼지 앱푸시 발송 시점을 정하는 것이다. 앱푸시는 이벤트 안내, 적립금 소멸 안내, 찜한 제품 목록 또는 장바구니에 담은 제품 안내, 구매 주기에 맞춘 재구매 리마인드 안내, 재입고 알림 등 고객이 관심 있어 하는 정보를 시기적절하게 보내야 한다. 회원가입 직후, 회원가입 D+1~7일, 첫 구매 직후, 재구매 시점, 이탈 시점, 반복 구매 주기 등에 맞춰 발송 시점을 정할 수 있다.

이벤트 시점에 맞춰 발송하기 위해서는 일간, 주간, 월간, 연간 등으로 큰 주기를 그린 후 시기별로 적절한 이벤트를 진행하면 좋다. 예를 들어 일간은 직장인인지 학생인지에 따라 출퇴근 시간, 등하교 시간, 점심시간을 고려할 수 있을 것이고, 주간은 매주 월요일, 매주 금요일 혹은 매주말과 같이 주기를 설정할 수 있다. 월간으로는 주로 월급을 받는 월말이나 정기 결제일을 고려할 수 있으며, 연간으로는 명절, 휴일, 발렌타인데이, 블랙 프라이데이와 같은 기념일 등을 고려해 설계할 수 있다. 이외에도 한정판, 타임세일 등의 메시지 설계도 가능하다. 예를 들어 준비한 수량이 소진되어 매진이 임박했을 때 소비자에게 이를 알리기 위해 메시지를 발송할 수 있다.

어떻게 보낼지

마지막으로 고려해야 할 부분은 어떻게 보낼지 결정하는 것이다. 여기서 '어떻게'는 메시지를 보내는 방식을 의미한다. 실시간으로 웹사이트에 접속한 고객에게 팝업 또는 푸시 형태로 발송할 수도 있고, 재구매자나 3회 이상 구매자와 같이 특정 조건을 충족할 때 자동으로 메시지가 발송되도록 예약을 걸어둘 수도 있다. 만약 내부에 솔루션을 도입했다면 사전에 고객분류 작업을 한 후 자동화된 시스템을 활용해 발송할 수도 있고, 실시간 사용자를 대상으로 보낼 수도 있다. 일정 시점이 되면 '6개월 동안 2회 이상 구매한 고객'에겐 자동으로 추가 혜택을 제공하는 프로모션 메시지를 보내도록 설계할 수도 있고, 실시간으로 앱을 사용하는 고객 중 결제 버튼을 누른 고객에겐 추가 프로모션을 푸시로 알리는 등의 방식을 택할 수도 있다.

이처럼 누구에게, 언제, 어떻게, 이 세 가지 조건을 잘 고려해 앱푸시 마케팅을 하면 소비자는 피로감을 느끼지 않고 우리가 원하는 구매여정으로 빠르게 이동할 것이다.

앱푸시 열람률을 높이는 방법

앞서 앱푸시 열람률이 평균 1~3%라고 언급했다. 이 열람률을 높이는 방법에 대해 이야기하겠다.

기업의 앱푸시 마케팅 열람률이 높은 장소와 시간 등을 조사한 결과, 대부분 '혼자 있는 시간'이거나 '대기시간이 긴 장소'에 있을 때 열람률이 높았다고 한다. 출퇴근을 하면서 혼자 지하철이나 대중교통에서 시간을 보내는 상황, 병원에서 대기시간이 길어지는 상황, 패스트푸드점에서 혼자 식사하는 상황, 부모가 키즈카페에 아이를 맡기고 기다리는 상황이 이에 해당한다. 반면 사람들과 어울리거나 쇼핑을 하는 경우에 앱푸시를 받았다면 열람률은 자연스럽게 떨어진다. 이처럼 기업이 고객의 상황을 고려해 적절한 마케팅을 펼치면 훨씬 높은 전환율을 달성할 수 있다.

이모지를 이용하는 방법으로도 앱푸시 열람률을 높일 수 있다. 앱애니라는 모바일 데이터 및 분석 플랫폼에서 한 해 동안 발송된 26억 개의 앱푸시를 분석했는데, 이모지를 사용한 경우의 열람률이 이모지를 사용하지 않을 때와 비교했을 때 85%나 높았다고 한다. 다음 자료에서도 알 수 있듯이 이모지가 없는 앱푸시는 평균 2.44%의 열람률을 보인 것에 비해, 이모지가 포함된 앱푸시는 4.51%의 열람률을 보였다.

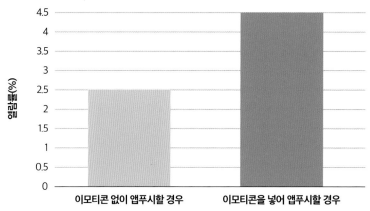

앱푸시 열람률(출처: data.ai)

앱푸시 마케팅은 발송하는 것만큼 발송 후의 결과 분석도 중요하다. 어떤 메시지를 받았을 때 클릭률이 더 높은지, 앱푸시의 빈도를 어느 정도로 했을 때 효과가 좋은지, 어떠한 활동 이후에 푸시 알림을 끄는지 등을 분석해야 한다. 더불어 효과적인 앱푸시 마케팅 설계를 위해 A/B 테스트를 하는 것도 좋다.

CRM 마케팅은 데이터에 기반하기 때문에 고객의 구매여정에 영향을 줄 수 있는 상황을 다양하게 테스트하고 분석해 최적의 방법을 찾아가는 기법이라는 점을 명심하자.

2-5 이메일 마케팅

CRM 마케팅 방법 중 이메일 마케팅에 대해 알아보자. 이메일 마케팅은 기업의 소식, 행사, 프로모션 관련 사항을 정리해 고객에게 주기적으로 이메일을 발송하는 마케팅이다. 이 방식은 오랫동안 이용된 만큼 보편적인 마케팅이다. 그러다 보니 '아직도 이메일 마케팅을 해?' 혹은 '이메일 마케팅이 정말 효과가 있을까?'라고 생각하는 사람들도 꽤 있다. 그러나 아직까지도 많은 기업은 이메일 마케팅을 선호한다. 왜일까?

허브스팟에서 2022년 전 세계 이메일 마케팅의 통계를 발표했다. 이 자료에 따르면 전 세계 이메일 사용자는 40억 명에 달하며 이는 세계 인구의 절반에 해당하는 수치다. 브랜드 기업의 33%는 이메일 마케팅을 매주 진행하고, 26%는 한 달에 수차례 이메일 마케팅을 한다고 답했다. 또한 기업의 37%는 이메일 마케팅 예산을 늘리고 있다고 밝혔다.

기업의 이메일 마케팅 빈도수(출처: 허브스팟)

미국에서는 스마트폰 사용자의 46%가 이메일을 통해 기업 소식을 받는 것을 선호한다고 한다. 그리고 모든 이메일 캠페인의 22%는 전송 후 1시간 내에 확인하며 밀레니얼 세대의 59%, Z세대의 67%는 모바일을 통해 이메일을 확인한다. 그러나 이메일 마케팅 캠페인 중 20%는 여전히 모바일에 최적화되어 있지 않고, 모바일에 최적화된 이메일을 보낼 경우 고유 클릭 수는 15% 증가한다고 밝혔다. 이러한 통계 데이터를 통해 알 수 있는 점은 이메일 마케팅은 지금도 전 세계적으로 CRM 마케팅을 위한 주요한 수단이며, 개인화되고 모바일에 최적화될수록 열람률이 높아진다는 사실이다.

나는 마케팅, 트렌드, 쇼핑, 경제 경영과 관련된 뉴스레터를 수십 개 이상 구독한다. 그리고 뉴스레터를 수신하면 빠짐없이 읽는다. 이는 내가 관심이 있는 주제에 관한 정보를 획득하는 긍정적인 경험을 지속적으로 했기 때문이다. 고객들도 마찬가지다. 고객이 관심 있는 정보, 콘텐츠를 꾸준히 제공하면 이메일을 발송 빈도수와 상관없이 열람률을 높일 수 있다.

이렇듯 기업은 브랜드와 관련된 이벤트나 개인화된 콘텐츠뿐만 아니라 정보성 콘텐츠를 정기적으로 발송하는 마케팅 활동을 하는 것이 좋다. 최근에는 이메일 마케팅을 수월하게 할 수 있는 다양한 뉴스레터 솔루션이 등장해, 시스템을 통해 메일을 전송하고 결과 데이터까지 쉽게 확인할 수 있다.

이메일 마케팅 시 고려 사항

그렇다면 이메일 마케팅은 어떻게 진행해야 효과적일까? 무엇보다도 중요한 것은 구독자의 행동 데이터를 정리하고 그에 맞는 전략을 세우는 것이다. 이메일 마케팅 시 기본적으로 고려해야 할 요소는 다음과 같다.

- 제목과 발송 시점
- 개인화
- 콘텐츠
- 디자인
- CTA 버튼

하나씩 살펴보자.

제목과 발송 시점

하루에도 수십, 수백 개의 이메일을 받는 소비자의 선택을 받기 위해서는 간결하면서도 임팩트 있는 제목이 매우 중요하다. 수신자가 관심을 갖고 클릭하게 만들 핵심 주제가 제목에 담겨 있는지, 내용을 읽고 싶은 욕망이 들게 만드는지를 고려해 제목을 선정해야 한다. 이때 기업별 레퍼런스를 수집하고 메일 열람률을 분석하는 것이 도움이 된다. 클릭률이 높은 제목 선정과 더불어 언제 발송할지를 정하는 것 역시 이메일 열람률을 높이기 위한 중요한 전략이다. 예를 들어 구독자가 언제 우리 메일을 가장 많이 열람하는지, 언제 발송하는 것이 효과적인지 혹은 어떠한 문구가 포함되었을 때 클릭률이 높은지 등 내부 A/B 테스트 데이터를 잘 정리해두면 좋다.

뉴스레터 솔루션 기업인 스티비에 따르면 구독자의 뉴스레터 오픈율이 가장 높은 요일은 금요일이며(12.1%), 클릭률은 수요일이 제일 높다고 한다 (1.7%). 또한 이메일 제목이 짧을 때의 오픈율이 16.8%로 제목이 10자를 초과했을 때의 오픈율 11.1%보다 높았으며, 제목에 구독자 이름을 넣으면 오픈율은 더 올라간다.

이메일 오픈율이 가장 높은 요일

오픈율과 클릭률이 가장 높은 요일

이메일 클릭률이 가장 높은 요일

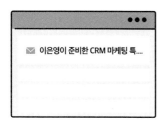

11.1%

이메일 제목 10자 초과 시 오픈율

이메일 제목 10자 기준으로 비교한 오픈율

16.8%

이메일 제목 10자 이하 시 오픈율

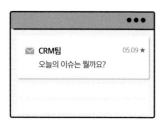

11.1%

이메일 제목에 구독자 이름을 넣지 않을 때 오픈율

이메일 제목에 구독자명 유무에 따른 오픈율

13.0%

이메일 제목에 구독자 이름을 넣을 때 오픈율

개인화

내가 구독하는 뉴스레터 중에 특히 이름을 자주 부르는 업체가 있다. 다음 이미지와 같이 디에이트의 '까탈로그'는 꾸준히 이름을 부르며 소통하는 듯한 메일을 보낸다. 예를 들어 '이은영, 혹시 오늘 월급날이야?', '이은영, 우리 보고 싶었지?', '이은영, 이따 저녁에 뭐해?', '이은영의 솔직한 생각이 궁금해'와 같은 제목이다. 그러면 친구 같은 편안함을 주고 클릭할 확률이 높아진다. 이는 이메일 마케팅을 할 때 개인화된 메시지를 전략적으로 구성한 사례다.

뉴스레터 까탈로그의 개인화된 메일 제목의 예시

콘텐츠

메일 내의 콘텐츠 구성도 중요하다. 특히 제목과 상관관계가 높을수록 구독 유지율이 높다. 만약 제목이 낚시성이고 제목과 콘텐츠의 상관관계가 현저하게 떨어질 경우 소비자는 메일 수신을 거부할 수도 있고, 낚시성 메일이라고 여겨 스팸으로 지정할 수도 있다. 그러므로 흥미를 끄는 제목을 선정할 때는 메일 콘텐츠와의 연관성을 충분히 고려해야 한다.

콘텐츠 내용 디자인과 회사 정체성을 보여주는 예시(14F, 너겟)

디자인

디자인은 우리 브랜드, 정체성을 보여줄 수 있는 중요한 요소다. 깔끔한 컬러와 디자인으로 구성할지, 카툰 느낌의 알록달록하고 경쾌한 느낌을 부여할지 등 브랜드 아이덴티티와의 연결성을 고려해 결정하는 것이 중요하다.

뉴스레터별 디자인 예시(마케띵킹, 큐레터, 팩플, 고구마팜)

CTA 버튼

마지막으로 행동을 유도하는 CTAcall to action 버튼이다. CTA란 소비자의
반응을 유도하기 위한 행위 또는 요소를 의미한다. 즉, 클릭을 유도하는 버
튼인데, 소비자가 메일을 읽고 CTA 버튼을 클릭해 우리 웹사이트나 랜딩
페이지로 얼마나 이동했는지 파악할 수 있다. 마케터는 소비자가 어떤 CTA
버튼을 더 많이 클릭하는지 파악하여 어떤 주제에 높은 관심도를 보이는지
알 수 있다. 또한 클릭률이 높은 주제들을 분석해 열람률을 높일 수 있는 콘
텐츠를 기획하는 데에도 도움이 된다.

뉴스레터에서 CTA 버튼 삽입의 예시(썸레터, 고구마팜)

CTA 버튼과 관련하여 링크 클릭률을 높이기 위한 컬러 A/B 테스트도 추천
한다. 버튼은 어떤 컬러일 때 클릭률이 높은지, 개인화된 내용을 얼마나 많
이 추가하는지에 따라 반응이 어떻게 달라지는지 등을 꾸준히 테스트하는

게 중요하다. 또한 마케팅 성과를 높일 수 있는 테스트와 데이터 검증 작업을 한다면 한층 더 정교화된 이메일 마케팅을 할 수 있다.

CTA 버튼 컬러의 예시(위픽레터, 오픈애즈의 마케띵킹, 아이보스의 큐레터)

이메일 마케팅 이후 확인해야 하는 지표

이메일 마케팅 이후에는 성과지표를 확인하면서 우리 콘텐츠가 적절했는지 분석하고, 다음 기획에는 무엇을 고려하는 게 좋을지에 대한 의사결정을 해야 한다. 이때 필요한 성과지표로는 이메일 전송률, 개봉률, 클릭률, 전환율, 신규구독률 또는 구독해지율, 공유율이 있다.

- **이메일 전송률**: 전체 발송 대상자 중 실제 이메일이 제대로 전달된 비율
- **이메일 개봉률**: 이메일을 받은 수신자 중 이메일을 열람한 비율

이 두 지표를 통해 올바른 이메일 정보가 수집되었는지를 파악할 수 있고 우리 소식에 흔쾌히 열람하는 비중은 얼마나 되는지도 파악할 수 있다.

- **클릭률**: 이메일을 열람한 수신자 중 이메일 안에 포함된 링크를 클릭한 비율
- **전환율**: 이메일을 받은 수신자 중 실제 우리 제품 구매 혹은 가입을 완료한 비율

이메일 마케팅을 수행할 때는 메일 안에서의 소비자 행동 지표를 수집하는 것을 기본으로 하되, 해당 이메일을 읽은 후의 신규구독률 혹은 구독해지율, 공유율을 체크하는 것이 매우 중요하다. 예를 들어 구독해지율을 통해 어떤 시기에 어떤 콘텐츠가 구독 해지로 이어졌는지 원인을 분석해야 해지율을 낮추기 위한 전략을 수립할 수 있다. 신규구독률과 공유율을 통해서는 어떠한 콘텐츠가 위닝winning* 소재인지 역시 파악할 수 있다.

지금까지 CRM 마케팅의 대표적인 방법인 온사이트 마케팅, 문자 마케팅, 앱푸시 마케팅, 이메일 마케팅에 대해 살펴봤다. 고객분류와 고객구매여정 관리를 통해 훨씬 정교화된 마케팅을 펼치며 고객의 행동을 유도하기 바란다.

---

*   목적에 맞는 광고 성과를 달성한 콘텐츠. 예를 들어 트래픽 광고에서의 위닝 소재는 클릭률이 높은 소재를 의미하고, 전환 광고에서의 위닝 소재는 구매로 이어지는 전환 수가 많은 소재를 의미한다.

개인정보보호법의 이해

개인정보보호 관련 사항을 점검해보자. 방송통신위원회와 한국인터넷진흥원에서 「불법 스팸 방지를 위한 정보통신망법 안내서」 제5차 개정판을 발간했다. 이 안내서는 광고성 정보 전송과 관련하여 「정보통신망 이용 촉진 및 정보 보호 등에 관한 법률」을 광고성 정보 전송자가 올바르게 이해하기 위한 예시와 주요 내용을 제공한다.

정보통신망법 스팸 관련 규정				
조항		주요 내용	비고	벌칙
제50조	제1항	■ 수신자의 사전동의 없는 광고전송 금지 • 예외1 재화 등 거래관계가 있는 경우 • 예외2 방문판매법에 따른 전화권유	공통	3천만원 이하 과태료
	제2항	■ 수신거부 및 사전동의 철회시 광고전송 금지		
	제3항	■ "21시~익일 8시" 광고전송 금지	이메일 제외	
	제4항	■ 광고성 정보 전송시 표기의무 준수		
	제5항	■ 광고성 정보 전송시 금지 조치 • 수신거부 및 동의철회 회피 방해 • 수신자 연락처 자동 생성 • 수신 연락처 자동 등록 • 전송자 정보 은폐·위변조 • 원링 스팸	공통	1년 이하 징역 또는 1천만원 이하 벌금
				3천만원 이하 과태료
	제6항	■ 무료 수신거부/수신동의 철회 조치		
	제7항	■ 수신거부 등 처리결과의 통지		1천만원 이하 과태료
	제8항	■ 정기적인 수신동의 여부 확인		3천만원 이하 과태료

불법 스팸 방지를 위한 정보통신망법 안내서 내용

이 내용에 따르면 소비자의 사전 동의 없는 광고 전송은 금지되며, 소비자가 수신거부를 할 경우 광고 전송을 금지해야 한다. 또한 저녁 9시부터 익일 오전 8시까지를 야간 전송이라 하며 이메일을 제외한 문자, 푸시 등의 정보 전송을 금지하고 있다. 만약 이를 어길 경우 3천만원 이하의 과태료가 부과될 수 있다. 야간에 광고를 전송하기 위해서는 소비자에게 '야간 전송에 대한 동의'를 별도로 받아야 한다.

또한 마케팅 수신동의는 한 번 받았다고 하더라도 2년에 한 번씩 재동의를 받아야 한다. 재동의를 받을 때도 소비자가 수신동의 날짜, 수신동의에 동의한 사실, 수신동의에 대한 유지 또는 철회 의사를 표시하는 방법을 함께 안내하는 것을 원칙으로 한다.

안내서에서는 다음과 같이 광고성 정보 수신동의로 보기 어려운 두 가지 경우를 제시한다.

- 이메일 혹은 SMS 수신동의가 있지만, 광고성 정보 수신동의로 보기 어려운 경우
- 뉴스레터 등 메일링 서비스에 대한 수신동의가 있지만, 광고성 정보 수신동의로 보기 어려운 경우

다음 두 개의 이미지에는 모두 '광고 마케팅 수신'에 대한 별도의 동의 버튼이 없으므로, 고객이 수신에 동의했다고 볼 수 없다. 기업이 마케팅 활동을 하기 위해서는 반드시 별도의 광고 마케팅 수신동의 버튼으로 고객 동의를 받아야 한다는 사실을 기억하자.

광고성 수신동의로 보기 어려운 두 가지 예시

만약 고객이 수신동의를 한다고 하더라도 실제 광고 정보를 전송할 때는 고객이 이를 인지할 수 있도록 정보의 가장 앞단에 '(광고)'라고 표기해야 한다. 문자 마케팅 시 이를 변칙적으로 표기하는 경우가 있는데, 이를테면 (광고)라고 표기하지 않고 (광/고), (광 고), (광.고), ("광

고"), (AD)라고 표기하는 것은 모두 금지되어 있다. 이외에도 문자를 전송할 때는 전송자의 명칭, 전화번호 또는 주소를 광고 본문이 나오기 전에 표기하는 것이 원칙이며, 장문의 SMS 형태인 MMS, LMS 문자는 별도의 제목을 표기할 수 있으므로 제목에 (광고)를 표기해야 한다. 또한 앞에서 살펴본 문자 마케팅, 이메일 마케팅, 앱푸시 마케팅 등 기본적으로 소비자에게 정보를 전송하는 마케팅 방식의 경우 반드시 광고 마케팅 수신동의를 받아야 하며, 언제든지 수신거부할 수 있도록 그 방법을 쉽게 안내해야 한다.

CRM 마케팅을 하는 실무자 입장에서 광고 마케팅 수신동의 고객을 충분히 확보하지 못하면 진행하기 전부터 난관에 봉착하게 된다. 마케팅을 할 수 있는 고객이 많이 있어야 CRM 마케팅을 시작할 수 있기 때문이다. 고객은 날이 갈수록 브랜드를 까다롭게 선택하며 내 마음에 들지 않으면 쉽게 이탈한다. 개인정보를 주는 행위 역시 마음에 드는 브랜드에는 적극적으로 제공하면서 맞춤 광고를 보여줄 것을 요구하지만, 그렇지 않을 경우 적극적으로 항의한다. 결국 고객으로부터 마케팅을 위한 '동의'를 얻기 위해 우리는 매력적인 브랜드가 되어야 한다.

CHAPTER

3

CRM 마케팅의
핵심

3-1 CRM의 3요소: 세그먼트 · 메시지 · 타이밍

지금까지 CRM 마케팅을 위한 고객구매여정을 설계하는 방법부터 실제 CRM 마케팅 시 주로 사용하는 온사이트 마케팅, 문자 마케팅, 앱푸시 마케팅, 이메일 마케팅을 알아봤다. 2장을 읽은 현업 마케터라면 '우리가 이미 하는 마케팅 방법들인데?'라고 생각할 것이다. CRM 마케팅이라는 키워드가 실무에 중요하게 등장한 시점은 4~5년이 채 안 됐지만, 우리는 디지털 마케팅을 해온 지난 수십 년 동안 이미 문자 마케팅, 이메일 마케팅 같은 기법을 사용해왔다.

그동안의 마케팅에서는 모든 고객을 '하나'로 범주화했고, 데이터 추적 기술의 수준이 낮았기 때문에 데이터 분석도 제대로 하지 않았다. 그러나 CRM 솔루션을 비롯해 고객을 분석하는 기법이 발전함에 따라 고객을 분류하고 메시지를 설계하여 고객의 행동 데이터를 파악할 수 있게 되었다. 문자 마케팅에 있어서도 '모두를 위한 메시지'가 아니라 '첫 구매 고객을 위한 메시지' 혹은 '단골 고객을 위한 특별 혜택 메시지' 등 구체적인 고객 그룹에 따른 정교화가 이루어지고 있다. CRM 마케팅의 시작은 우리 고객을 분석하고 나누는 데 있다. 기존에는 이를 '고객을 분류한다', '그룹으로 나눈다'라고 표현했지만, 3장부터는 '세그먼트'라는 마케팅 전문용어로 표현할 것이다.

고객세그먼트란 유사한 특성을 가진 고객들을 그룹으로 분류하는 것을 의미한다. 세그먼트를 나누는 방식은 기업별로 다른데, 대개 인구 통계 정보, 구매 패턴, 관심사 등으로 분류한다. 이제 본격적으로 고객세그먼트를 포함한 CRM의 핵심 요소와 전략 수립 과정을 살펴보자.

CRM의 핵심 3요소는 다음과 같다. 각각 어떤 개념이고 마케팅에서 어떻게 활용되는지 알아보자.

- 세그먼트
- 메시지
- 타이밍

세그먼트

CRM의 3요소 중 하나는 세그먼트다. 세그먼트segment가 나누다, 분류하다는 뜻을 가진 것처럼 CRM 마케팅의 시작은 고객을 나누는 작업에서 시작한다. 세그먼트는 비즈니스 모델, 업종, 유형에 따라 다르게 나눌 수 있지만, 일반적으로 고객생애가치(LTV)와 고객구매여정(CDJ)을 고려해 잠재 고객, 신규 고객, 단골 고객, 이탈/휴면 고객, 복귀 고객 이렇게 다섯 종류의 고객으로 분류한다.

- **잠재 고객**: 사이트에 방문했지만 구매하지 않은 고객
- **신규 고객**: 회원가입 후 첫 구매를 한 고객
- **단골 고객**: 지속적으로 브랜드 제품을 구매하는 고객
- **이탈/휴면 고객**: 쇼핑몰에 방문하지 않거나 1년 이상 재방문하지 않은 고객
- **복귀 고객**: 쇼핑몰에 방문하지 않다가 다시 방문한 고객

그렇다면 세그먼트를 만드는 이유는 무엇일까? 고객구매여정에서 첫 방문 소비자에게 결제 또는 재방문을 유도하는 작업을 한 번에 수행할 수는 없으므로 여정별로 고객세그먼트를 관리하여 각 단계에서의 고객행동유도 전환

율을 높이기 위해서다. 세그먼트를 나누어 관리하면 고객 입장에서는 개인화된 마케팅 메시지를 받으므로 '관리받고 있다'고 생각한다. 또 CRM 마케터 입장에서는 세그먼트에 따라 업셀링이나 크로스셀링을 강화할지, 재방문 유도를 강화할지 등의 전략을 세분화할 수 있다.

그럼 앞서 고객생애가치와 고객구매여정를 고려해 나눈 세그먼트를 하나씩 살펴보자.

잠재 고객

잠재 고객은 우리 쇼핑몰에 진입한 소비자로, 향후 고객이 될 수 있는 사람을 의미한다. 외부 광고, 검색, 주변 지인의 추천 등 다양한 방식을 통해 우리 쇼핑몰과 처음 관계를 맺는 고객이다. CRM 마케팅에 있어서 잠재 고객은 관계를 본격적으로 맺을 수 있는 첫 단계의 고객이므로 굉장히 중요하다. 잠재 고객은 구매 고객이 되어가는 과정에서 대체로 이탈하지만, 이들을 구매 고객으로 이끌어내면 재구매나 반복 구매로 연결할 기회가 생긴다. 그러므로 첫 단추를 잘 끼우기 위해서 잠재 고객을 파악하고 관리하는 것이 중요하다.

잠재 고객은 CRM 마케팅에 앞서 퍼포먼스 마케팅을 통해 파악하는 경우가 많다. 퍼포먼스 마케팅은 다양한 외부 광고 채널에서의 마케팅 활동으로 소비자와의 접점을 만드는 '고객획득'을 위한 마케팅이다. 우리는 각종 메시지를 기획하고 소비자들이 머무는 곳에 적절한 광고를 내보내면서 우리 브랜드나 제품의 첫인상을 심어준다. 퍼포먼스 마케팅을 통해 유입한 잠재 고객은 '이런 브랜드가 있네?', '이 제품은 흥미로운데?'라는 생각과 함께 브랜드를 인지하고 호기심을 갖는다. 그리고 반복적으로 광고가 노출되는 과정에서 마침 나에게 필요한 제품이 있을 경우, 광고를 보고 쇼핑몰에 진입해 고객구매여정을 시작한다. 이렇게 고객획득과 고객유지 측면에서 퍼포먼스 마케팅과 CRM 마케팅은 연결 선상에 있다. 그러므로 퍼포먼스 마케터와 CRM 마케터가 함께 외부 채널과 내부 채널의 전반적인 고객구매여정을 설계하고 브랜드 메시지를 정립해가는 과정이 필요하다.

신규 고객

신규 고객은 쇼핑몰에서 첫 구매를 한 고객을 의미하며 우리 쇼핑몰과 본격적인 관계를 시작하는 고객이다. 신규 고객이 구매 후 받는 마케팅 메시지는 향후 재구매로 이어져 우수 고객이 될지, 이탈해서 떠나버릴지를 결정짓는 매우 중요한 요소다.

컬리가 신규 고객에게 보낸 메시지를 살펴보자. 컬리는 가입 및 첫 구매한 고객에게 앱푸시와 친구톡을 통해 친구 초대 시 적립금을 주는 레퍼럴 마케팅referral marketing(추천 마케팅) 메시지를 보냈다. 그리고 문자로는 다음 주문에 쓸 수 있는 5천 원 할인 쿠폰을 보냈다.

컬리 첫 구매 후 받은 메시지

컬리가 초반에 다양한 채널로 마케팅을 진행한 것을 보고 이 세 개의 채널 중 어디에서 가장 많은 클릭률이 일어나는지 확인하는 과정이 아닐까 생각했다. 현재 컬리는 대부분의 마케팅을 SMS로 하고 있다.

여기서 흥미로운 부분은 컬리가 첫 제품을 구매한 신규 고객에게 '리뷰 작성'을 유도하는 메시지를 먼저 보낼 것 같았는데, '친구 초대' 메시지를 먼저 보냈다는 점이다. 리뷰 유도와 친구 초대 마케팅은 모두 AARRR 모델의 추천 단계에 속하지만, 컬리는 신규 고객 유입 전략에 더 힘쓰고 있다는 뜻이다.

참고로 AARRR 모델을 다시 한번 상기해보자면 CRM 마케팅에서 고객구매여정은 고객의 획득 – 활성화 – 리텐션 – 추천 – 수익의 5단계로 이루어진다.

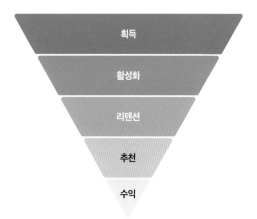

AARRR 모델

업종에 따라 데이터에 차이가 있겠지만, CRM 마케팅 시 신규 고객에 대한 전략은 상당히 중요하다. 이들이 재구매와 반복 구매를 하면서 결국 고객생애가치가 높은 단골 고객으로 바뀔 가능성이 높기 때문이다. 신규 고객에 대한 마케팅 캠페인 실행과 관련된 내용은 4장에서 자세히 다룬다.

단골 고객

단골 고객은 충성 고객, 우수 고객, VIP 고객, 충성 고객 등으로 표현하기도 한다(이 책에서는 단골 고객으로 통칭한다).

단골 고객은 중장기적으로 우리 회사에 가장 이득이 되는 고객이다. 브랜드 방문의 지속성, 구매의 주기성을 가지고 매출에 기여하는 고객생애가치가 높은 고객이다. 파레토의 법칙에서 이야기했듯이 20%의 최상위 단골 고객이 80%의 기업 매출에 기여한다는 사실은 대체로 들어맞는다. 즉, 단골 고객만 잘 관리해도 매출을 안정적으로 확보할 수 있다. 따라서 CRM 마케팅에서 가장 중요한 고객세그먼트가 바로 단골 고객이다.

이탈/휴면 고객

더 이상 구매 활동을 하지 않고 쇼핑몰을 완전히 이탈한 고객, 1년 이상 재방문이 없는 고객을 각각 이탈 고객, 휴면 고객이라고 한다. 이 고객군은 CRM 마케팅이 불가능하기 때문에 이탈 조짐이 있을 경우 별도의 관리를 통해 붙잡는 과정이 필요하다.

휴면 고객은 말 그대로 1년 이상 쇼핑몰에 방문하지 않은 고객이므로 마케터는 휴면 고객 계정이 활성화되기 전까지는 이들을 위한 마케팅을 펼칠 수 없다. 하지만 이탈 고객은 떠나기 직전의 전조 현상이 있는데, 이는 기존의 구매 패턴을 분석해보면 알 수 있다. 예를 들어 평균적으로 6개월 이내에 1~2회 정도 구매하는 고객이 최근 6개월 동안 아무런 구매 활동이 없을 경우 이탈할 가능성이 있다고 판단할 수 있다.

다만, 최근 휴면 고객과 관련하여 개인정보보호법의 변화가 있었다. 구 개인정보보호법의 제39조 6항에서는 정보통신서비스 제공자가 1년 동안 서비스 이용이 없는 사용자의 개인정보를 파기하거나 별도 분리하여 보관하도록 의무화했었다. 그러나 지난 2023년 9월 개인정보보호법 개정, 유효기간제 폐지로 모든 사업자에게 일률적으로 1년 뒤에 휴면 정책이 강제되지 않고 서비스 특성에 맞게 6개월, 1년, 2년 등의 기간을 선택해 휴면 정책을 시행할 수 있게 됐다. 그 결과 그동안 1년의 유효기간을 적용해 별도 보관했던 개인정보를 사용자에게 사전에 안내하면 내부 정책에 따라 유연하게 관리할 수 있다.

물론 사용자에게 휴면 정책 변경 사항을 알리는 동시에, 회원 전환을 하지 않고 탈퇴하거나 일반 회원으로 전환을 거부할 경우에 대한 사항도 안내해야 한다. 이처럼 기업이 자율적으로 휴면 고객 관련 정책을 설정해 고객을 분류하고 관리하면 되니, 마케팅 전략을 세울 때 참고하기 바란다.

복귀 고객

복귀 고객은 쇼핑몰을 완전히 떠났다가 다시 돌아온 고객을 의미한다. 복귀 고객에 대한 데이터는 충분하지 않기 때문에 이들을 위한 마케팅 활동을 펼치는 것은 매우 어렵다. 이들이 휴면 고객이 되었다가 다시 돌아왔을 때 마음을 돌린 이유가 어디에 있는지 파악하기 어렵고, 신규 고객으로 분류되지 않기 때문에 별도로 관리하지 않는 한 CRM 마케팅 활동에서 배제되기 쉽다. 그러므로 효율적인 마케팅 업무를 하기 위해서는 이탈/휴면 고객과 복귀 고객이 발생하지 않도록 잠재 고객, 신규 고객, 충성 고객 단계에서 최대한 고객과 깊은 관계를 형성하는 것이 중요하다.

메시지

CRM의 3요소 중 두 번째는 메시지다. 메시지란 고객세그먼트에 따라 만든 메시지를 뜻한다. 이 메시지에는 고객에게 주고 싶은 브랜드 경험, 가치가 포함될 수도 있고 시즌별, 월별 기획된 프로모션을 안내하는 내용이 들어갈 수도 있다. 또한 특정 행동유도를 위해 개인화된 메시지가 들어갈 수 있다.

다음은 백야드, 더현대닷컴, LF몰에서 보낸 기업의 메시지 사례다.

다양한 기업의 마케팅 메시지 예시(백야드, 더현대닷컴, LF몰)

각각 신상품 출시 안내, 적립금 현황 안내, 리뷰 작성 유도를 위한 메시지다. 이처럼 고객을 위한 메시지는 시기, 고객구매여정 등 여러 기준에 따라 다양하게 설계되며 업종별, 고객별로 천차만별이다. CRM 마케팅에 메시지가 핵심인 이유는 어떠한 메시지를 기획하느냐에 따라 고객의 행동유도에 영향을 미치기 때문이다.

메시지는 앞서 언급한 고객세그먼트를 고려하며 설계해야 한다. 예를 들어 잠재 고객에게 '첫 구매 고객 혜택' 또는 '오늘만 배송비 무료'와 같은 프로모션 혜택이 담긴 문자를 전송할 수는 있지만 '친구 초대 시 적립금 두 배'라는 메시지를 보내는 건 맞지 않다. 왜냐하면 잠재 고객은 아직 구매여정을 종료하지 않았기 때문에 구매여정 자체를 마치는 데 우선적으로 목표를 두어야 하기 때문이다. 잠재 고객에게 친구 추천을 유도할 경우 새로운 모객 활동에만 신경 쓴다는 인상을 줄 수도 있다. 적립금 혜택을 보여주거나 리뷰 작성을 유도하는 메시지라면 제품을 구매한 이후의 고객에게 메시지를 보내야 하므로 메시지는 항상 고객세그먼트와 연관 지어 생각하고 기획해야 한다.

타이밍

CRM 마케팅의 3요소 중 마지막 하나는 타이밍이다. 타이밍은 메시지를 보내기에 가장 좋은 시점을 잡는 행위다. 이 시점은 업종과 비즈니스 유형별로 다르다. 예를 들어 재구매를 유도하는 메시지를 발송하려면 우리 제품의 재구매 주기를 먼저 파악해야 한다. 예를 들어 식품 회사라면 일주일에 한 번, 화장품 회사라면 3개월에 한 번씩 재구매가 발생할 수 있다. 그러므로 기업별 재구매 패턴을 확인해 적절한 시기에 메시지를 보내는 것이 중요하다. 또한 고객별로 선호하는 제품의 카테고리를 어느 시기에 가장 많이 구매하는지와 같은 구매 패턴을 파악하는 것도 전략 수립에 중요하다.

어느 쇼핑몰에서 고객의 움직임이 다음 그래프와 같이 관찰되었다고 하자. 사용자 유입이 가장 많은 요일은 월요일이고, 주말에는 평균 사용자 대비 이탈률이 높다. 결국 이 쇼핑몰이 마케팅 효율을 극대화하려면 월요일에 메시지를 발송해야 한다는 점을 알 수 있다.

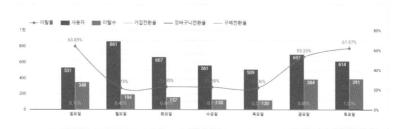

쇼핑몰 내 고객의 주요 행동 데이터 예시

다음 그래프처럼 21~24시에 전체 매출의 25%가 발생하고 9~12시까지 매출이 꺾였다가 다시 상승하는 경우, 매출을 푸시하는 마케팅을 어느 시점에 해야 할지 알 수 있다. 이 쇼핑몰은 저녁 시간에 매출이 많이 발생하기 때문에 저녁을 먹은 직후부터 21시 이전에 앱푸시, 친구톡 메시지를 보내거나 저녁 라이브커머스를 통해 고객들에게 한정 이벤트를 진행해볼 수 있을 것이다.

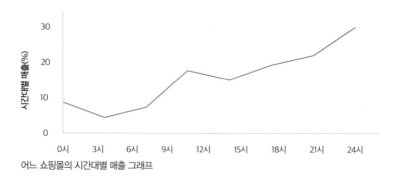

어느 쇼핑몰의 시간대별 매출 그래프

다음 이미지는 러쉬와 탑텐키즈에서 라이브커머스 진행을 알리는 친구톡이다. 러쉬는 라이브가 진행되는 도중 친구톡을 발송해 즉시 방송을 볼 수 있도록 유도했고, 탑텐키즈는 라이브 방송 직전에 친구톡을 보내는 방식으로 타이밍을 고려한 메시지를 설계했다.

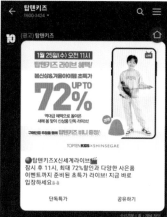

라이브커머스를 안내하는 친구톡 예시(러쉬, 탑텐키즈)

이처럼 마케터는 어느 타이밍에 보낸 메시지의 고객 전환율이 언제 가장 높은지 파악해 효율적인 마케팅을 설계할 수 있다. 추가적으로 타이밍을 고려할 때는 회사 내부 고객 데이터를 기반으로 요일, 시간, 재구매 주기, 기념일 등의 사항도 염두에 두는 것이 좋다.

3-2 ## 고객세그먼트의 3요소: 최근성 · 빈도 · 구매액

CRM의 핵심 3요소 세그먼트, 메시지, 타이밍을 살펴봤다. 이번에는 CRM 의 3요소 중 하나인 고객세그먼트를 이루는 세 가지 요소를 알아보자. 고객 의 구매 주기나 행동 패턴은 기업마다 다를 수 있지만 이들을 분류하는 기 준은 동일한 데에서 출발한다. 이 기준이 되는 게 고객세그먼트의 3요소이 며 각각 최근성, 빈도, 구매액이다.

- 최근성(recency)
- 빈도(frequency)
- 구매액(monetary)

최근성, 빈도 그리고 구매액은 기업 내부 세그먼트를 만드는 기준을 제시한 다. 최근성은 고객의 제품 구매 시점이나 방문 시점을 기준으로 이야기할 수 있다. 예를 들어 최근 3개월 이내에 구입했는가 혹은 6개월 이내에 방문 했는가와 같은 질문을 통해 고객세그먼트를 나눌 수 있다. 빈도는 고객이 쇼핑몰에 몇 회 방문했는지에 대한 기준이다. 3개월 동안 2회 이상 방문, 매월 1회 이상 방문과 같은 데이터를 기준으로 구분한다. 구매액은 고객의 1회 구매 금액에 따라 평균 구매 금액, 상위 1% 고객의 구매 금액 등을 나 누어 기준을 잡을 수 있다.

최근성, 빈도, 구매액은 고객을 분석할 수 있는 주요 데이터이며, 각각의 기 준점에서 교차하는 항목들을 엮어 세그먼트를 생성한다. 다음 예시처럼 고 객을 상상해 분류해볼 수 있다.

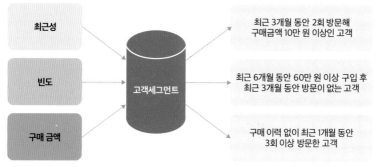

고객세그먼트의 예시

최근성, 빈도, 구매액을 종합해서 고객을 정의하다 보면 단골 고객, 이탈 가능성이 있는 고객, 잠재 고객의 프로파일을 정리할 수 있다. 고객세그먼트 3요소는 마케터가 고객을 보는 객관적인 기준점을 제시하고, 다양한 가설을 세우고 목표를 만들어 검증하는 데 도움을 준다. 고객을 분류하고 KPI를 수행하기 위해 다음과 같은 목표를 세울 수 있다.

- 높은 가치를 가진 고객의 재구매 유도하기
- 재구매 가능성이 높은 첫 구매자의 방문 유도하기
- 재구매 타이밍이 다가오는 단골 고객 관리하기
- 최근 매출 기여도가 높은 고객을 단골 고객으로 만들기
- 최근 첫 구매를 한 신규 고객 재구매 유도하기

이러한 기준을 통해 마케팅 캠페인을 실행할 때 구체적인 고객 프로파일을 고려해 각 고객군에 맞는 혜택과 이벤트를 기획할 수 있다.

다음 그래프는 최근성과 빈도를 살펴볼 수 있는 구매 횟수, 재구매 주기를 나타낸 것이다. 단골 고객의 재구매 주기는 약 38일, 일반 고객의 재구매 주기는 약 4개월임을 알 수 있다. 이 기준에 근거해 고객을 분류하고 '재구

매 타이밍이 다가오는 고객에게 재방문 유도하기'라는 목표를 세우면 38일 과 120일의 타이밍에 맞춰 메시지를 설계하고 관리할 수 있다. 재구매 주기 에 따라 프로모션을 안내하거나 단골 고객에게 시크릿 쿠폰 등을 발송해 재 구매에 대한 빠른 보상을 할 수도 있다.

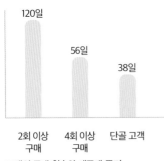

고객의 구매 횟수와 재구매 주기

다음 그래프는 우리 쇼핑몰의 데모그래피에 근거한 매출 비중이다. 이 그래 프를 통해 주 고객은 여성이고, 여성이 전체 매출 비중의 72%를 차지함을 알 수 있다. 또 40대가 전체 매출의 43.8% 정도를 기여하는 것을 알 수 있 다. 이 데이터를 참고해 최근성, 빈도수와 결합하면 좀 더 세분화된 고객세 그먼트도 가능하다.

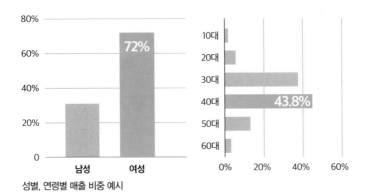

성별, 연령별 매출 비중 예시

이어 다음 데이터를 보면 구매 건수, 구매전환율에 있어 45~54세의 매출 기여도가 전체의 59%를 차지하고 있다. 또한 35~44세의 매출 비중도 상당히 높고 이들은 평균 체류 시간도 길기 때문에 45~54세와 더불어 중요하게 관리해야 하는 타깃 고객임을 알 수 있다. 마케터는 이러한 데이터를 종합적으로 고려해 구매액과 연령, 성별에 따라 고객세그먼트 기준을 세울 수 있다. 또한 매출 기여도가 높은 고객들을 중심으로 할인, 프로모션 혜택을 알리거나 업셀링, 크로스셀링을 통해 현재의 평균 객단가를 높일 수도 있다.

연령 ▲	구매 건수	매출액	구매전환율	평균 세션 시간
18-24	30	900,000	7.89%	00:00:56
25-34	47	1,410,000	6.98%	00:00:51
35-44	100	3,000,000	6.25%	00:01:17
45-54	350	10,500,000	8.62%	00:00:59
55-64	60	1,800,000	9.18%	00:01:21
65+	3	90,000	12.07%	00:01:13

연령대별 구매 데이터

앞서 살펴본 고객세그먼트의 3요소인 최신성, 빈도, 구매액을 기반으로 고객을 잠재 고객, 첫 구매 고객, 반복 구매 고객, 단골 고객으로 나누고 AARRR 모델에서의 획득, 활성화, 재방문, 추천, 매출의 퍼널을 연결해보면 다음과 같이 정리할 수 있다.

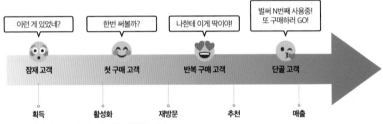

고객구매여정과 고객세그먼트를 결합한 예시

이렇게 AARRR 모델과 고객세그먼트를 나누면 각 고객의 위치를 파악할 수 있을 뿐만 아니라, 어떤 단계의 마케팅 전략을 수립해야 할지 한눈에 알 수 있다.

3-3 메시지의 3요소: 개인화 · 메시지 · 행동유도

CRM 마케팅의 3요소 중 하나인 메시지를 이루는 요소를 알아보자. 메시지를 기획할 때 핵심이 되는 3요소는 다음과 같다.

- 개인화
- 메시지
- 행동유도

개인화는 고객별 세그먼트를 만들어 해당 고객에게 맞는 개인화된 메시지를 기획하는 것을 의미한다. 메시지는 소재 안에 담을 내용과 정보를 의미한다. 행동유도는 해당 메시지를 통해 고객구매여정을 마치게끔 만드는 요소로 행동유도 버튼call to action(CTA)이라고도 부른다.

CRM 마케팅의 메시지는 일반적인 디지털 마케팅에서의 문자 마케팅과는 구분된다. 일반적인 문자 마케팅은 타깃 고객 전체에게 동일한 문자를 보내는 것이지만, CRM 마케팅은 고객구매여정과 고객세그먼트에 기반해 각기 다른 메시지를 기획하고 행동유도를 목표로 하기 때문에 캠페인 진행 후 성과 분석이 반드시 따라온다.

고객세그먼트별 메시지의 예를 살펴보자. 다음은 반려동물 쇼핑몰에서 단골 고객에게 발송한 메시지다.

단골 고객을 위한 메시지 예시

이 두 개의 메시지에는 메시지의 3요소인 개인화, 메시지, 행동유도가 모두 포함돼 있다. 하나씩 살펴보자.

좌측은 고객의 구매 횟수에 기반한 메시지다. 이 메시지를 통해 '내가 몇 번이나 구매했는지 알고 있고 관리받고 있구나'라는 생각이 들면 고객은 브랜드에 한층 더 호감을 느낀다. 좌측 메시지에 포함된 개인화, 메시지, 행동유도는 다음과 같다.

- **개인화**: 테리 집사님, 7번 이상 구매
- **메시지**: VIP 할인 쿠폰 발급
- **행동유도**: 70% 할인 쿠폰 받기(버튼)

우측 메시지에는 단골 고객만을 위한 시크릿 이벤트 참여 버튼이 포함돼 있다. 이 메시지의 버튼을 통해서만 시크릿 이벤트에 참여할 수 있다는 것을 알면 단골 고객은 특별한 대우를 받는다는 생각을 가질 수 있다. 우측 메시지에 포함된 개인화, 메시지, 행동유도는 다음과 같다.

- **개인화**: 테리 집사님, VIP 고객만을 위한 한정판

- **메시지**: 한정판 한우츄르 신상품 출시

- **행동유도**: 시크릿 이벤트 참여하기(버튼)

시크릿 이벤트의 경우 중요한 점은 단골 고객을 '진정한' 단골 고객으로 대해야 한다는 것이다. 만약 단골 고객이 아닌 누군가도 다른 경로를 통해 시크릿 이벤트에 접속할 수 있다면 단골 고객은 모두에게 같은 메시지를 보낸다고 생각하여 메시지의 중요성을 간과할 수 있다. 그러므로 단골 고객을 위한 별도의 행사를 준비했다면 반드시 해당 메시지의 폐쇄 링크를 통해서만 진입할 수 있게끔 설계해야 한다. 단골 고객이 우리 브랜드에서 긍정적인 경험을 지속적으로 쌓아나가는 것은 궁극적으로 고객생애가치 극대화 측면에서 기업에 상당한 수익을 안겨준다.

다음은 단골 고객이 아닌데 무리하게 메시지를 설계해서 오히려 부정적인 감정을 느끼게 할 수 있는 메시지의 예시다. 이 친구톡에서는 '히든특가 혜택 대상자'나 '입고 알림 혜택 대상자' 등으로 선정되었다고 하면서 비밀 링크를 통해 선물을 확인하라고 안내한다. 그러나 이 메시지는 특정 고객에게 보내는 메시지가 아니라 누구나 받을 수 있는 메시지다. 만약 단골 고객이 이 메시지를 다른 사람도 받았고, 링크 역시 진짜 비밀 링크가 아닌 것을 알게 되면 어떤 마음을 가질까?

어느 쇼핑몰의 고객분류에 따른 메시지 예시

나는 이 메시지를 받았을 때, 처음에는 기쁜 마음으로 메시지 [당첨 내역 확인], [선물 확인하기]와 같은 행동유도 버튼을 클릭했다. 그러나 수차례 동일한 메시지를 받으며 단골 고객을 위한 메시지가 아니었다는 사실을 알게되었고, 오히려 메시지를 수신거부하거나 아예 클릭하지 않게 되었다. 단골고객을 별도로 분류했다면 그들을 위한 마케팅에 더욱 신경 써야 한다.

한편 다음의 사례는 채널을 추가했더니 일주일간 매일 친구톡으로 쇼핑 정보를 보내는 어느 업체의 메시지다. 1월 30일부터 2월 7일까지 메시지를 보냈고, 어느 날은 하루에 2건 이상 보내왔다. 이렇게 쉴 틈 없이 메시지를 보내면 고객에게 해당 기업 메시지의 중요성은 떨어진다. 그리고 모든 메시지가 중요하지는 않다고 생각하거나 피로감을 느끼고, 더한 경우 스팸으로 여길 수 있다. 최악의 경우 고객이 채널을 차단하고 이탈할 리스크도 있다.

매일 발송하는 친구톡 예시

메시지는 고객세그먼트에 따라 개인화, 메시지, 행동유도를 담아 기획해야
하지만, 적절한 발송 횟수를 유지하는 것 역시 전략이다. 메시지 발송 이전
에 내부 메시지 가이드라인을 설정하자. 정기적으로 발송하지 않고 마케터
의 욕심으로 지나치게 많은 메시지가 외부로 나가면 비용적으로도 낭비일
뿐만 아니라 고객을 배려하지 않는다는 느낌을 줄 수 있으니 유의해야 한다.

또한 메시지는 간결해야 한다. 고객이 장문의 글을 읽을 만큼 우리에게 많
은 시간을 할애해준다고 생각하면 오산이다. 긴 글은 덜어내고 비워내는 작
업을 통해 간결화하자.

3-4 다양한 기업의 CRM 마케팅 사례

이번 절에서는 기업들의 CRM 활동 현황을 이야기하고자 한다. 이커머스 관련 비즈니스를 운영하는 기업들은 다양한 CRM 솔루션을 도입해 마케팅을 펼치고 있다. 이미 CRM 마케팅을 처음부터 끝까지 정교화하고 캠페인을 실행 및 분석하여 데이터를 자산화한 기업도 많고, 고객 데이터를 모으고 구축하는 단계에서 이제 막 고객데이터플랫폼customer data platform(CDP)을 도입해 CRM 마케팅을 시도하려는 기업 역시 많다.

국내 패션 브랜드 중 규모가 큰 플랫폼을 운영하는 기업은 대부분 적극적으로 CRM 마케팅을 하고 있다. 무신사, 29CM, 지그재그, W컨셉, 젝시믹스와 같은 업체가 대표적이다. 금융 분야 기업으로는 삼성증권, KB증권, SC제일은행, 토스, 두나무 등이 있으며 화장품 및 뷰티 관련 브랜드로는 쿤달, 메디큐브, 에이피알, GRN, 화해 등이 CRM 마케팅을 진행 중이다. 이 중 몇몇 기업의 온사이트 마케팅을 살펴보자.

메디큐브

우선 메디큐브의 CRM 마케팅 사례다. 메디큐브의 온사이트 마케팅 중 인상적인 부분은 회원가입과 로그인이다. 회원가입과 로그인은 고객구매여정의 AARRR 모델에서 첫 단계에 해당한다. 메디큐브는 지속적으로 고객획득 전환을 높이기 위해 회원가입 프로세스를 변경하고 있다. 내가 제일 처음 메디큐브 사이트에 방문했을 때는 다음과 같이 '일반 회원가입'을 우선으로 유도하기 위해 [일반 회원가입] 버튼을 [카카오 간편 가입] 버튼 위에 두었다.

메디큐브의 초기 회원가입 화면

그러나 수개월 후 다시 방문했을 때는 회원가입 화면이 변경돼 있었다. 다음 이미지처럼 [일반 회원가입] 버튼을 하단에, [카카오톡 간편 로그인/회원가입] 버튼과 같이 SNS 계정으로 간편하게 가입할 수 있는 버튼을 상단에 배치했다.

메디큐브의 바뀐 회원가입 화면

메디큐브는 처음에 고객획득 단계에서 '일반 회원가입'으로 가입한 고객 정보를 직접 관리하려는 의도가 있었던 것으로 보인다. 또한 일반 회원가입과 동시에 '평생회원' 버튼 체크를 유도함으로써 이탈/휴면 고객에 대한 데이터 누락을 방지하려고 했을 것이다. 그러나 일반 회원가입의 전환율이 SNS 가입 전환율보다 낮아 결국 SNS 계정으로 간편하게 가입할 수 있는 버튼을 메인으로 배치했다. 이러한 변화는 참고할 만하다. 여러 전략을 실행하며 최선의 방법을 찾아나가는 것이 그로스 마케팅의 핵심이며, CRM 마케팅에 있어 중요한 A/B 테스트이기 때문이다.

좌우간 메디큐브는 AARRR 모델의 고객획득 부분에 상당한 공을 기울이고 있다. 예를 들어 회원가입 단계에서 '3초'면 가입할 수 있다고 하며 행동 유도를 일으킨다. 초기 회원가입 화면에서 우측 상단 [회원가입] 버튼 아래에 빨간색 말풍선으로 '생일쿠폰', '무료배송', '5% 적립' 등의 혜택을 돌아가면서 노출하는 것 역시 좋은 전략이다. 또한 회원가입 프로세스의 쇼핑 정보 수신동의 부분에서 'SMS, 카카오톡 수신동의'와 '이메일 수신동의' 두 가지를 선택할 수 있도록 보여주며 둘 다 동의할 경우 1천 원의 적립금을 제공하는 혜택도 노출한다. 회원가입 시 소비자가 마케팅 수신을 동의하지 않는 경우가 종종 있으므로 이 단계에서 수신동의를 하게 만들어 그 대가로 1천 원을 즉시 주는 것이다.

회원가입 단계에서 마케팅 수신동의를 받는 것은 CRM 마케팅에서 매우 중요하다. 수신동의를 받아야만 비로소 개인화된 마케팅이나 고객을 세그먼트로 만들어 캠페인을 실행하는 일련의 과정을 시작할 수 있기 때문이다. 메디큐브의 변경된 회원가입 화면에는 말풍선 버튼이나 각종 회원가입 혜택은 사라지고 최상단 띠배너에서 회원 혜택이나 친구 초대 이벤트를 띄우고 있다. 이렇게 혜택 제공이 사라진 것은 이미 충분한 회원 수를 가지고 있기 때문일 수도 있고, 매출이 어느 정도 안정기에 접어들었기 때문에 재구매 고객에게 더 큰 혜택을 주려는 전략적 변화일 수도 있다.

페스룸

반려동물 용품 브랜드인 페스룸 역시 회원가입 단계의 설계가 잘된 사례다. 페스룸은 미디어커머스의 전형적인 방식인 페이스북, 인스타그램 광고 마케팅을 활용해 성장했고 현재는 수많은 유튜버가 자발적으로 페스룸 제품을 사용하는 영상을 보여줌으로써 간접적인 광고 효과를 얻고 있다.

페스룸은 회원가입 페이지부터 '카카오로 시작하기'로 회원가입을 유도하고 있다. 일반 회원가입 버튼은 눈에 띄지 않게 배치함으로써 카카오톡 회원가입으로 소비자가 편하게 구매여정을 시작하도록 유도하는 의도가 보인다.

페스룸의 회원가입 프로세스 화면

앞서 살펴본 메디큐브와 페스룸의 모바일 회원가입 페이지를 비교해보자. 좌측의 메디큐브 회원가입 페이지는 카카오톡, 네이버, 애플 및 일반 회원가입 버튼이 한눈에 보이게끔 설계돼 있고, 우측의 페스룸은 [카카오로 시작하기] 버튼을 전면에 내세웠다. 이렇듯 회원가입 페이지에서도 브랜드가 중요시하는 부분을 엿볼 수 있다.

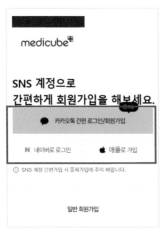

메디큐브와 페스룸의 회원가입 페이지 비교

페스룸은 카카오로 회원가입을 유도하는 동시에 회원가입 시 얻을 수 있는 혜택을 일목요연하게 보여준다. '첫 구매 간식 100원', '3천 원 플친 쿠폰', '신규 가입 시 쿠폰 증정', '등급별 추가 혜택 증정', '5만 원 이상 무료 배송'이 나열돼 있다. 이렇게 제공하는 혜택을 한 번에 보여줌으로써 소비자에게 '이 브랜드와 관계를 맺는 것이 나에게 유리하다'는 인상을 심어주는 것이다. 또한 카카오톡 채널 추가 시 즉시 3천 원을 제공하는 보상을 내걸면서 CRM 마케팅을 하기 위한 광고 마케팅 수신동의를 받아가려는 의도도 보인다. 이와 같이 쇼핑몰의 회원가입 구조만 봐도 해당 기업이 어떤 CRM 마케팅을 펼치고 있는지, 고객구매여정에서 어디에 중심을 두는지 파악할 수 있다.

페스룸은 매월 다섯 명의 베스트 리뷰어를 선정하는 이벤트를 진행한다. 베스트 리뷰어에 선정될 경우 5만 원가량의 페스룸 제품을 제공받는다. 등록된 베스트 리뷰에 영상 콘텐츠가 대부분이고 텍스트가 500자 이상일 경우, 다른 고객들도 베스트 리뷰에 당첨되기 위해 자발적으로 영상 리뷰를 올리고 500자 이상의 글을 쓰려고 노력할 것이다. 기업이 바라는 이상적인 리뷰 결과가 베스트 리뷰에 암묵적으로 투영되어 다른 고객의 행동유도로 이어지는 것이다. 이러한 행동을 유도하는 데 기업은 매월 25만 원(5만 원×5명)의 비용만 쓰면 된다. 비용적인 측면에서도 굉장히 싼 마케팅이다.

페스룸의 베스트 리뷰

페스룸의 경우 베스트 리뷰어뿐만 아니라 일반 리뷰를 쓰는 고객들을 위한 적립금 정책도 함께 노출하고 있다. 포토 리뷰를 작성하면 1천 원을, 텍스트 리뷰를 작성하면 300원을 받을 수 있음을 알려 포토 리뷰를 쓰는 게 유리하다는 것을 자연스럽게 보여준다. 현업 마케터가 사용하면 좋은 아이디어다.

페스룸의 리뷰 이벤트

젝시믹스

이번에는 진열 알고리즘, AI 자동화 기능을 활용 중인 업체의 사례를 살펴
보자. 젝시믹스는 2018년 서비스를 론칭해 3년 만에 코스닥에 상장한 기
업으로 레깅스 분야 국내 1위다. 이 브랜드는 '리뷰'를 활용한 마케팅에 강
점이 있다. 제품 상세페이지에 들어가면 제품 설명보다 고객의 리뷰를 먼저
살펴볼 수 있게 페이지를 구성했다. 고객들은 자연스럽게 만족도 높은 수
많은 구매 후기를 살펴본 다음 상세페이지를 읽기 때문에 먼저 호감을 가진
상태로 제품을 바라본다. 이 역시 온사이트 마케팅을 전략적으로 잘 활용한
예다.

젝시믹스는 오랫동안 크레마 솔루션을 활용해 리뷰를 커스터마이징해왔다.
다음 이미지의 하단 워터마크를 통해 크레마 솔루션이 활용되었음을 파악
할 수 있다. 참고로 이 이미지는 상세페이지 하단에 노출되는 '실시간 인기
급상승' 카테고리다.

젝시믹스의 실시간 인기 급상승 화면

곧이어 바로 아래에는 '리뷰 만족도 평균이 높은 상품'이 등장한다. '실시간 인기 급상승'과 '리뷰 만족도 평균이 높은 상품'의 진열 모두 '다른 사람들의 생각'을 볼 수 있는 페이지 구성이다. 앞서 이야기했듯이 젝시믹스는 '리뷰'에 기반한 마케팅 전략을 사용하므로 제품 진열 시에도 이러한 모습이 자주 노출된다.

젝시믹스의 리뷰 만족도 높은 상품 화면

'리뷰 만족도 평균이 높은 상품'에 진열된 제품 중 리뷰 평점이 그리 높지 않은 것도 있다. 그러나 최하단의 [3,787,417개의 후기 분석 결과 보러가기]라는 버튼에서 보이는 방대한 리뷰양에 압도되어 진열된 제품의 리뷰에 대해 크게 신경 쓰지 않도록 보완한 것 역시 좋은 전략으로 보인다.

W컨셉

다음 사례는 다양한 패션 브랜드가 입점한 플랫폼인 W컨셉이다. W컨셉의 진열 알고리즘과 리뷰도 CRM 마케팅에서 많이 활용하는 형태다. 젝시믹스는 실시간 인기 제품을 노출했다면, W컨셉은 내가 고른 제품의 상세 하단에 '내가 좋아할 수 있는 또 다른 상품(You may also like)'을 제안한다.

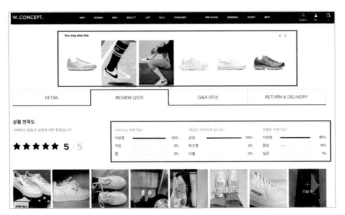

W컨셉의 제품 추천 화면

이렇게 유사한 상품을 제안하는 방식은 현재 제품을 보고 있더라도 더 마음에 드는 제품이 있으면 살펴볼 수 있도록 쇼핑의 편리함을 높인 진열이라 볼 수 있다. 리뷰 부분도 다른 일반적인 쇼핑몰과 다르게 별도의 리뷰 프로그램을 활용해 한눈에 리뷰를 모아 볼 수 있고, 키워드별로 소비자가 알고 싶어 하는 메시지를 정렬해서 보여준다.

만약 우리 브랜드에 리뷰 솔루션 프로그램을 적용하고자 할 경우, 업체별 커스터마이징 기능이 조금씩 다르므로 내가 원하는 기능이 있는지, 쇼핑몰에 맞게 변경 가능한지를 파악하자.

온사이트 마케팅 시 리뷰를 유도하는 마케팅은 고객구매여정, AARRR 모델에서 '추천'에 해당하는 단계로 잠재 고객의 구매 결정에 상당한 영향을 미친다. 실제 많은 기업이 리뷰 이벤트를 지속적으로 펼치는 것 역시, 리뷰를 많이 보유하는 것이 외부 채널에 돈을 써서 마케팅하는 것보다 구매전환에 훨씬 효과적이기 때문이다.

쿠팡

이번에는 쿠팡을 살펴보자. 쿠팡만큼이나 광고비를 많이 쓰는 기업이 없다고 할 수 있을 정도로 쿠팡이 안 보이는 온라인 화면 영역을 찾아보긴 힘들다.

쿠팡은 온사이트 마케팅을 진행하면서 소비자가 원하는 정보를 제공하기도 하고, 그 가운데 슬쩍 광고를 삽입하는 형태의 진열 알고리즘을 이용하기도 한다. 쿠팡은 내가 특정 제품을 보고 있으면 페이지 하단에 '다른 고객이 함께 본 상품'과 '함께 비교하면 좋을 상품'을 노출한다. 다른 고객이 함께 본 상품을 노출하는 이유는 이를 통한 크로스셀링, 업셀링을 유도하기 위해서다. 나 역시 쿠팡에서 쇼핑하면서 '다른 고객이 함께 본 상품'에 노출된 제품을 장바구니에 담은 기억이 있다. 삼겹살을 장바구니에 담았더니 연관 제품에 파채, 파절이 소스, 모둠 쌈 등을 보여주었고 자연스럽게 구매로 이어졌다.

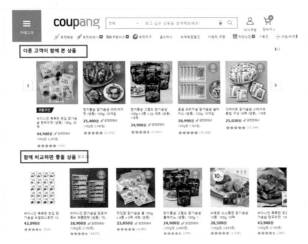

쿠팡의 광고 상품 진열 화면

쿠팡은 고객 데이터를 방대하게 쌓고 있기 때문에 연관 구매에 대한 결과를 바탕으로 효과적인 제품 진열과 고객의 객단가를 높이는 방법을 알고 있다. 이 방법을 통해 쿠팡은 '함께 비교하면 좋을 상품'이라는 광고도 진열하고 자연스럽게 크로스셀링, 업셀링을 유도한다.

'광고'라고 표기돼 있어도 도움이 된다고 판단하면 적극적으로 소비하는 것이 요즘 스마트 소비의 특징이다. 광고라도 할인 혜택이 높고 가성비가 뛰어나다면 소비자는 흔쾌히 광고 제품을 구매할 용의가 있다는 뜻이다. 오픈 마켓의 특성상 소비자는 최저가 제품을 구매하려고 하기 때문에 쿠팡의 광고 지면을 활용한 진열은 CRM 마케팅 측면에서도 매우 유리한 전략이다.

29CM

의류 쇼핑몰 29CM은 상품 진열 추천을 상당히 잘하는 업체다. 예를 들어 내가 '가죽 재킷'을 검색해 마음에 드는 제품의 상세페이지를 살펴보면 페이지 최하단에 다음 이미지와 같이 추천 진열이 잔뜩 노출된다. '추천 상품', '함께 구매한 상품', '당신을 위한 MD 추천', '함께 찾는 리빙 상품', '레더 재킷 BEST', '비슷한 상품'을 차례대로 보여주는 것이다.

29CM 상품 추천 화면

이러한 29CM의 진열에는 전략적인 의도가 숨어 있다. 이 업체는 일단 내가 레더 재킷에 관심이 있는 것을 알고, 내가 선택한 제품과 가장 유사한 디자인을 보여주면서 다른 제품을 페이지 이동 없이 볼 수 있게 설계했다. 더불어 동일 브랜드 내에 내가 관심 있어 할 만한 디자인도 몇 가지 노출해서 보여주었다. 조금 색다른 진열은 바로 '함께 찾는 리빙 상품'이다. 사실 이 진열은 의류와는 전혀 관련이 없다. 과연 고객이 레더 재킷을 고르면서 과일 그릇을 함께 구매했을까? 그렇지 않을 것이다. 마케터의 의도를 정확히 알 수는 없지만, 제품을 보다가 싫증을 느낄 때 새로운 기획전으로 관심을 이동하게 하려는 목적이 아닐까.

야나두

야나두 역시 CRM 마케팅을 활발하게 한다. 교육 업체라는 특성상 면대면 상담이 필요한 경우가 많은데, 이에 대응하기 위해 사이트에 접속했을 때 챗봇을 통해 궁금한 점을 빠르게 질문할 수 있도록 했다. 다음 이미지의 좌측 챗봇 화면을 보면 '상담 예약'을 유도하는 버튼과 '기초 강의 추천받고 싶어요!'와 같이 자주 찾는 질문들을 챗봇에 먼저 노출하고 있다. 이러한 챗봇의 시나리오 설계는 자주 들어오는 CS 문의를 바탕으로 만들어진다.

2024년 야나두 홈페이지의 챗봇

참고로 야나두의 챗봇 시나리오는 2023년 버전과 2024년 버전이 서로 다르다. CS 문의와 더불어 전략적으로 세일즈하고 싶은 상품을 중심으로 시나리오를 변경한 것이라는 생각이 든다.

다음 이미지는 야나두의 2023년 홈페이지 화면인데, 챗봇의 디테일한 내용까지 캡처하진 않았지만 기본적으로 '베스트 영어 강의', '영어 레벨 테스트', '야나두 패턴 영어 미리보기', '학습 매니저와 상담하고 싶어요'와 같이 가장 자주 찾는 질문이 노출되어 있다. 그리고 웹사이트 하단에는 [가격 인상 전에 신청하기]라는 버튼이 있고 시간이 줄어드는 효과를 연출해 소비자들에게 한정된 시간에 신청해야 한다는 인상을 주고 있다. 이러한 장치는 소비자가 자연스레 버튼을 누르도록 유도한다.

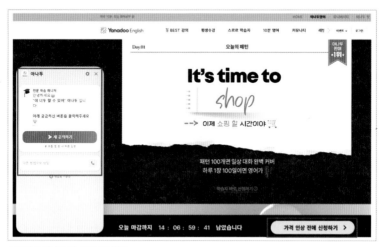

2023년 야나두 홈페이지의 화면

지금까지 실제 기업에서 진행한 다양한 온사이트 마케팅을 살펴보았다. CRM 마케팅을 하기 위해 각 기업은 고객구매여정에 따라 소비자를 나누고, 각 단계에서 고객이탈을 막기 위해 길목마다 장치를 설치해둔 것을 알 수 있었다.

이처럼 회원가입 단계, 쇼핑을 즐기는 단계, 장바구니 단계, 제품 구매 후 리뷰를 쓰는 단계 등 모든 단계에서 고객의 행동유도를 위한 전방위적인 마케팅 활동들이 펼쳐지고 있다. 내부 마케팅 전략을 세울 때 CRM 마케팅을 잘하는 기존 기업들의 사례를 참고하길 바란다.

3-5 상황에 따른 전략 수립

앞에서 CRM의 3요소, 고객세그먼트의 3요소, 메시지의 3요소 및 다양한 온사이트 마케팅 사례를 알아봤다. 이러한 내용을 바탕으로 우리 회사가 CRM 마케팅을 할 준비가 되었는지 살펴보자. 회사의 규모, 매출 규모 및 마케팅 인력 현황에 따라 CRM 마케팅을 당장 해야 할 기업이 있는가 하면 충분한 준비 과정을 거쳐야 하는 기업이 있다.

앞서 이야기했지만 CRM 마케팅은 기존에 하고 있는 디지털 마케팅 업무의 연속이다. 데이터가 추가되고 고객을 좀 더 세분화하여 실행하는 방법의 차이일 뿐, 일상의 업무를 기준으로 생각하면 좋다.

만약 우리 기업이 쇼핑몰을 운영한 지 얼마 안 되어 회원 수가 적고 담당 마케터가 한두 명에 불과하다면, 고객을 분류하고 구매여정을 만들어 관리하는 것은 불가능에 가깝다. 이러한 상황일 경우 고객구매여정에 따라 세부적인 마케팅을 전개하기보다는 고객 데이터에 대한 기록과 이해를 바탕으로 일반적인 디지털 마케팅 활동을 하는 것이 효율적이다. 회원을 고객세그먼트로 나눌 만큼 충분하지 않다면 전체 고객에게 팝업 메시지로 이벤트, 프로모션을 알리고 친구톡을 통해 기획전을 알리는 것도 괜찮다는 의미다. 다만 매출이 성장하고 회사 규모가 커졌을 때를 대비하여 고객이 데이터를 정기적으로 수집해서 분석하는 작업을 해두면 좋다.

일반적인 쇼핑몰이라면 고객 데이터를 취합 및 분석하기 위해 구매자와 제품을 분석해주는 웹/앱 애널리틱스를 사용하는 것을 추천한다. 솔루션별로 차이는 있지만 페이지뷰page view(PV)에 따라 월 1~2만 원의 요금을 내면 솔루션을 사용할 수 있다. 분석 솔루션의 한 예로 NHN DATA의 에이스카운터는 웹사이트 방문자의 형태, 웹사이트 트래픽 분석, 외부 검색 광고로 기인한 효과 분석, 방문한 소비자 분석, 쇼핑몰 내의 구매 및 제품 분석 등의 데이터를 제공한다.

분석 솔루션을 사용하면 다음과 같은 항목을 분석할 수 있다.

구매자 분석

- 신규 방문자와 재방문자의 구매 수
- 방문 수 vs. 구매 수
- 구매까지 걸린 시간
- 재구매 주기
- 회원의 구매 수 vs. 비회원의 구매 수
- 결제 수단 분석
- 시간대별, 요일별 평균 구매 수

제품 분석

- 제품별 매출 및 구매율
- 제품군별 매출 및 구매율
- 제품별 유입 출처
- 관심 제품 분석

구매전환 분석

- 전환 페이지 유입 출처
- 전환 페이지 경로
- 전환 방문자 상세 정보
- 전환까지 소요 시간

- 전환까지 유입 횟수

- 전환까지 유입 경로

규모가 작은 기업이라도 기본적인 데이터 분석 솔루션을 사용해야 하는 이유는 쇼핑몰이 성장한 이후에는 기존 데이터의 히스토리는 모을 수 없기 때문이다. 솔루션 도입 이후부터 적재한 데이터를 통해 쇼핑몰이 어떻게 커왔는지, 우리 쇼핑몰을 방문하는 소비자의 특징은 어떠한지 확인하면 CRM 마케팅을 하는 데 도움이 된다. 예를 들어 재구매 주기가 어느 정도인지 알고, 어떤 제품의 구매율이 높은지에 대한 지표가 있다면 확률이 높은 제품의 프로모션을 더 자주 진행할 것이다. 우리 회사는 구글 애널리틱스를 이용하여 퍼포먼스 마케팅을 진행했지만, 이런 분석 도구 활용이 미숙할 경우 솔루션 기업에서 제공하는 데이터를 열람해도 무방하다.

여기서 이야기하고자 하는 것은 기업의 상황에 따라 당장 CRM 마케팅 도입이 시급한 기업부터 천천히 도입해도 무방한 기업까지 다양하다는 것이다. 그러나 초기이든 성장기이든 관계없이 쌓이는 고객 데이터를 관리해야 한다. 당장 CRM 마케팅을 하지 않더라도 우리 데이터를 살펴볼 수 있는 솔루션을 활용하고 현재 우리 고객이 어떤 제품에 관심을 갖고 있는지, 어떤 요일에 가장 많이 구매하는지, 선호하는 가격대는 어떻게 되는지, 어떤 쿠폰이나 혜택에 가장 많이 반응하는지와 같은 결과를 정기적으로 기록하고 관리하는 것이 중요하다.

다크패턴의 이해

다크패턴은 사람을 속이기 위해 디자인된 사용자의 인터페이스user interface(UI)를 지칭하는 말이다. 업계에서는 이를 '소비자가 의도하지 않은 선택과 구매 결정을 하도록 교묘하게 설계된 속임수 또는 디자인'으로 풀이하기도 한다.

CRM 마케팅은 고객의 구매여정을 관리하고 각 단계의 이동이 원활하게끔 '마케터가 살짝 옆구리를 찔러주는' 마케팅 방식이라 할 수 있는데, 이러한 의미에서 CRM 마케팅을 넛지* 마케팅으로 보는 시선도 있다. 흔히 볼 수 있는 '매진 임박', '오늘까지만'과 같은 광고 카피도 다크패턴으로 보는 경우가 있는데, 이것이 불법인지 규제 대상인지에 대해서는 의견이 분분하다. 그 이유는 이러한 마케팅 활동이 소비자의 심리를 이용한 넛지 마케팅으로도 볼 수 있어 명확하게 법적으로 해석되지 않기 때문이다. 또한 디테일한 단어들까지 제재할 경우 기업의 마케팅 활동이 위축되는 이슈도 있어 이에 대한 논의는 여전히 진행 중이다.

공정거래위원회는 거래질서 공정화와 소비자 기만행위를 시정하기 위해 2023년 4월 다크패턴 금지 종합 대책을 발표했다. 이어 2023년 7월, 법 규제 이전 사업자가 스스로 다크패턴을 개선하게 하는 자율 관리 가이드라인을 내놓았다. 이후 2024년 1월에는 다크패턴 규율을 위한 전자상거래 개정안 및 소비자기본법 개정안이 국회 본회의를 통과했다. 그 결과 여섯 가지 유형에 대한 사업자 자율 규약이 마련되었다.

한국소비자원이 2021년 6월에 발표한 「다크패턴 실태 조사」에 실린 12개의 다크패턴 유형을 살펴보자.

---

*   강요나 압박 등 강제적인 방법이나 속임수 없이 부드러운 방식으로 사용자 선택을 유도하는 행위. 다크패턴은 부정적인 목적을 달성하기 위해 소비자를 의도적으로 기만하는 행위이므로 다크패턴과는 다른 개념이다.

1) 가격 비교 차단

다른 물건과의 가격을 비교하는 것을 어렵게 만들어 사용자가 올바른 정보에 입각한 결정을 내릴 수 없게 하는 것이다. 관련 예시로는 쇼핑몰에서 서로 다른 카테고리의 상품을 배치함으로써 가격 비교를 방지하는 것을 의미하며, 쇼핑몰의 메인 페이지에 가격이 보이지 않게 하거나 가격이 아닌 브랜드 혹은 입점 쇼핑몰로 순위를 매기는 행위가 있다.

2) 바구니에 몰래 넣기

사용자 장바구니에 추가 아이템을 몰래 끼워 넣는 행위다. 또는 최소 구입 단위를 결제 직전에야 안내해 최종 구입 비용을 증가하게 만드는 예를 들 수 있다. 특정 소프트웨어 프로그램을 다운받기 위해 설치하는 단계에서 '○○ 사이트를 검색엔진으로', '○○ 제휴 추가' 등의 버튼이 기본으로 체크되어 있는 경우도 포함된다.

3) 속임수 질문

사용자에게 깊이 보아야 그 의도를 알 수 있거나 속임수를 쓰는 질문을 하여 특정 대답을 유도하는 것이다. 관련 예시로는 서비스 이용 시 필수 약관 외에 선택 약관, 마케팅 알림 수신이 기본으로 동의하기로 설정된 경우를 들 수 있다.

4) 숨겨진 비용

결제 마지막 단계에 도달해서야 배송료나 세금 등 예상치 못한 요금이 추가로 나타나게 하는 것이다. 관련 예시로는 광고 화면과 달리 최종 결제 단계에서 배송료, 세금, 조건 등이 추가로 발생하여 장바구니를 담았을 때 봤던 가격보다 훨씬 높은 가격에 구매해야 하는 경우를 들 수 있다.

숨겨진 비용의 예시

5) 어려운 해지

사용자가 의도치 않았던 상황에 쉽게 빠지게 하고, 그 상황에서 벗어나기는 어렵게 만드는 것이다. 관련 예시로 정기 구독 상품의 해지 버튼을 찾기 어려운 곳에 감추거나 앱 내에서 해지가 불가한 경우, 가입은 쉽지만 탈퇴는 어려운 경우를 들 수 있다.

6) 주의 집중 분산

사용자의 주의를 분산시키기 위해 의도적으로 불필요한 한 가지 일에 집중시키는 것이다. 제품 구매 옵션에서 더 비싼 제품이 기본 설정으로 되어 있는 경우, 불리한 조건을 수락하는 옵션은 작거나 흐린 글자로, 구입 옵션은 굵거나 큰 문자 또는 화려한 색상으로 시각적 간섭을 하는 예를 들 수 있다.

7) 감정적 선택 강요

마치 이익을 주는 것처럼 사용자를 속여 어떤 것을 호혜적으로 선택하게 하는 행위로 거절 옵션을 숨겨서 표시하는 것이다. 판매 완료, 세일 완료, 재고 부족, 높은 수요, 남아 있는 상품 n개 등 사용자가 구매 충동을 느낄 만한 정보를 제공하는 것 또한 감정적 선택 강요에 포함된다.

감정적 선택 강요의 예시

8) 개인정보 주커링

사용자가 자신이 의도했던 것보다 더 많은 정보를 공개적으로 공유하도록 속이는 행위이며
페이스북 CEO인 마크 주커버그의 이름에서 유래했다. 관련 예시로 설정의 개인정보 기본
세팅이 전체 공개로 되어 있는 것을 들 수 있다.

← **개인정보 설정**

이메일 전체공개 ⊕ ⋯

전화번호 전체공개 ⊕ ⋯

학력 전체공개 ⊕ ⋯

경력 전체공개 ⊕ ⋯

개인정보 주커링의 예시

9) 미끼와 스위치(딴 척하기)

사용자가 특정한 한 가지 일을 시작했을 때 본래 의도하지 않은 다른 일이 대신 일어나는 것
이다. 관련 예시로 상세 설명을 보려고 클릭했을 때 광고로 연결되거나 상품 페이지를 눌렀
을 때 다른 앱 설치로 연결되는 것을 들 수 있다.

10) 위장된 광고

광고가 아닌 것처럼 다른 종류의 콘텐츠나 내비게이션으로 위장하여 클릭하게 하는 것이다. SNS나 쇼핑몰이 무한 스크롤을 하도록 진열되어 있으면서 스크롤 사이사이에 광고가 노출되는 경우를 의미한다.

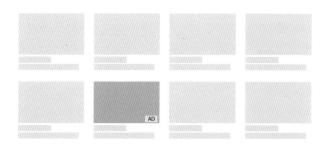

진열 사이에 숨겨진 광고 예시

11) 강제 연속 결제

무료 서비스 이용이 끝나고 등록된 사용자의 신용 카드로 아무런 안내 없이 결제가 연장되거나 해지를 어렵게 하여 불가피한 손해를 보는 것이다. 다음 이미지와 같이 할인받을 수 있는 내용을 전면에 노출하면서 자연스럽게 할인 혜택을 받고 정기 결제를 연장하도록 유도하는 것을 예로 들 수 있다.

강제 연속 결제의 예시

12) 친구로 위장한 스팸

사용자의 이메일이나 SNS에 대한 접근 허가를 요청하여 사용자 이름으로 광고성 메시지가 전송되는 것이다. 관련 예시로 출처가 분명하지 않은 후기, 협찬 제품이라는 사실을 표시하지 않는 경우나 후기 삭제, 친구를 초대할 경우 이익 제공받기 등 사회적 관계성을 이용하는 경우를 들 수 있다.

앞서 살펴본 대로 다크패턴 관련 사항은 상당히 구체적으로 지적된다. 소비자 기만행위인지 정당한 넛지 마케팅인지에 대한 경계선에서 논의되다가 최근 들어서야 다크패턴 중 규제해야 할 항목들이 정리되고 있다. 이번 국회 본회의에 통과된 개정안에 따라 규제된 여섯 개의 다크패턴 유형에는 ▲총비용이 아닌 일부 금액만 고지 ▲특정 상품 구매 과정에서 엉뚱하게 다른 상품 구매 여부를 물은 뒤 거래 유인 ▲선택 항목의 크기·모양·색깔 등에 크게 차이를 두고 특정 항목 선택을 유인 ▲취소·탈퇴·해지 방해 ▲선택 내용 변경을 팝업창으로 반복 요구 등을 금지하는 내용이 포함됐다.

소비자들의 심리를 활용하기 위한 다양한 기법들이 넛지 마케팅의 방식으로 사용되고 있으나, 향후 이러한 마케팅 방법들이 제재받는다면 CRM 마케팅 활동에 사용해오던 메시지 전달 방식에도 일부 변화가 생길 것이다. 그러므로 현업 실무자들은 다크패턴 관련 공정거래위원회의 규제나 법 개정 등의 현황을 팔로업하고 변화에 맞춰 마케팅 전략을 수정하거나 새로 세워야 할 수도 있다는 점을 인지하길 바란다.

CHAPTER

4

CRM 마케팅
실전

캠페인 실행을 위한 준비 과정

CRM 마케팅 캠페인을 세팅하고 운영하려면 어떤 준비가 필요한지 알아보자. 지금부터 CRM 캠페인의 준비와 실행을 위한 프로세스 7단계를 이야기하겠다.

- 1단계 CRM 마케팅 추진 의사결정하기
- 2단계 목표 설정하기
- 3단계 데이터 확인하기
- 4단계 고객 이해하기
- 5단계 시나리오 구상과 액션 플랜 수립하기
- 6단계 캠페인 실행하기
- 7단계 성과지표 분석 및 인사이트 확보하기

단계별 세부 내용을 살펴보자.

1단계 CRM 마케팅 추진 의사결정하기

CRM 마케팅을 진행하기 위한 첫 단계는 기업 내부의 의사결정이다. 대다수 기업은 고객을 분류하고 단골 고객을 관리하면서 브랜드 로열티를 높이고 싶어 한다. 그러나 CRM 마케팅을 하기 위해서는 기업 내부의 의지가 매우 중요하다. 인력 배치와 비용, 시간의 문제가 따르기 때문이다. CRM 마케팅을 하려면 기존에 회사가 쌓아온 모든 데이터를 한곳에 모으는 작업을 해야 하고, 그 데이터를 읽고 분석할 수 있는 마케터가 있어야 하며, 마케팅 실행 가능한 내부 솔루션 혹은 시스템이 마련돼 있어야 한다. 이러한 전제 조건을 달성하기 위해서는 단계마다 비용이 발생한다. 또한 CRM 마케팅이란 단기적인 성과가 아닌 중장기적인 성과, 고객생애가치 증대에 목표를 두기 때문에 시간과의 싸움이 필요하다. 대기업이라면 내부 시스템 구축을 통한 CRM 마케팅도 가능하겠지만, 자체 구축 비용이 만만치 않다. 대부분의 업체가 CRM 솔루션을 쓰는 이유가 바로 시스템 구축 이후의 유지 보수의 비용까지 고려했을 때의 효율성 때문이다.

또한 그동안 기업이 데이터를 꾸준히 잘 모아두었다면 구축 단계에서 기존 데이터를 끌어모을 수 있지만, 만약 데이터를 관리하지 않았다면 CRM 솔루션을 도입하는 순간부터 데이터가 쌓인다. 그동안 관리하지 않은 데이터는 이미 흘러가버린 데이터가 된다.

솔루션을 도입할 때도 의사결정이 필요하다. 예를 들어 통합 솔루션을 사용해 한 번에 비용을 지불할 것인지, 개별 모듈 단위의 솔루션을 구입해 CRM 마케팅을 시행할 것인지를 기업 니즈에 따라 선택할 수 있다.

NHN Data의 다이티라는 솔루션의 경우 서비스를 모듈 단위 또는 통합적으로 사용할 수 있다. 다이티의 대표 솔루션에는 데이터를 확보하는 AI BOX, 데이터를 추출해 고객을 분류하는 Audience Manager, 캠페인을 세팅하고 운영하는 Campaign Manager가 있다.

NHN Data 다이티의 솔루션별 비용 테이블

참고로 다이티의 AI BOX, Audience Manager, Campaign Manager 솔루션은 분석 사용자 수, 쿠키 수에 따라 월 과금이 달라진다. 다른 CRM 솔루션도 비슷한 과금 체계를 갖고 있으니 솔루션 도입 시 비용도 고려하자. 이 세 개의 솔루션을 모두 도입할 경우 소기업이라면 월 15만 원, 중간 규모라면 월 60만 원의 비용이 발생한다. 만약 비용에 부담이 있어서 캠페인 실행 솔루션을 사용하지 않고 직접 SMS를 보낸다거나 친구톡을 발송하면 마케터들의 업무량이 훨씬 증가한다. 모든 솔루션을 도입해야 효과적인 CRM 마케팅을 펼칠 수 있다.

또한 다양한 솔루션을 면밀히 비교해서 첫 단추를 잘 끼우는 것도 중요하다. 특정 기업 솔루션을 사용하면 다른 기업 솔루션과의 연동이 제한적이므로 기존에 쓰던 기업 솔루션의 하위 기능들을 함께 사용해야 한다. 처음부터 어떠한 솔루션을 선택하느냐에 따라 록인될 수밖에 없는 구조이므로 CRM 마케팅을 할 의사가 있다면 사전에 솔루션별 꼼꼼한 비교와 검증을 필히 거쳐야 한다.

더불어 CRM 마케팅은 비용과 시간이 소요되기 때문에 일단 하기로 마음먹었다면 중장기 플랜으로 가져갈 각오를 해야 한다. 만약 당장의 성과가 나오지 않는다고 해서 중단해버리면 CRM 마케팅을 위해 구축한 솔루션 비용부터 인력, 시간을 모두 허비하는 것이다. CRM 마케팅이 필요할 때는 팀 내 문제가 아니라 기업 내 의사결정으로 공감대를 형성하고 비용, 인력, 시간이 소요된다는 점을 명심하고 실행하면 좋겠다.

2단계 목표 설정하기

CRM 마케팅을 하기로 했다면 마케팅 목표를 설정하는 작업이 필요하다. 마케팅 목표는 다음과 같이 정할 수 있다.

- 올해 쇼핑몰 매출을 전년 대비 10% 올리기
- 매월 회원가입 수를 20%씩 올리기
- 기존 고객의 재구매율을 15% 올리기
- 월간활성사용자(MAU)를 30% 올리기

이러한 목표는 CRM 마케팅을 담당하는 마케팅팀의 목표일 뿐만 아니라 기업 차원에서 결정해야 하는 목표다. 기업이 월간활성사용자 증가를 통해 회사의 밸류에이션을 높이려고 한다면, CRM 마케팅 측면에서도 기업에서 중시하는 우선순위에 맞게 전략을 수립해야 통일성 있는 마케팅 정책을 펼칠 수 있기 때문이다.

마케팅 목표의 우선순위에 따라 마케팅 시 구사하는 전술 방향이 달라진다. 예를 들어 회원가입 수 증가에 우선순위를 둘 경우, 외부 유입 채널 광고를 통해 회원가입 전환까지의 경로를 중심으로 하는 마케팅 전략을 세울 것이다. 또 마케터는 어떠한 광고를 통해 유입된 소비자의 회원가입 전환이 높은지를 파악해 채널별 효율성을 검증하는 데 주안점을 둘 것이다.

그러나 회원가입 수 증가가 아닌 기존 고객의 재구매율을 높이는 목표에 우선순위를 둘 경우, 외부 유입 채널에 대한 마케팅보다는 이미 확보한 고객 중에 1회 구매한 고객, 2회 구매한 고객의 데이터와 구매 주기는 어떻게 되는지, 1회만 구매하고 이탈한 고객 비율은 어떻게 되는지에 대한 데이터를 먼저 추출하고, 이에 따라 재구매를 유도하려면 어떤 캠페인을 설계해야 하는지를 고민할 것이다. 그러므로 CRM 마케팅의 구체적인 전략과 전술을 세우기 위해서는 기업이 바라는 목표와 우선순위를 필수로 고려해야 한다.

3단계 데이터 확인하기

다음 단계는 데이터의 확인이다. 우리가 설정한 마케팅 목표를 구체화하기 위해서는 쌓아둔 데이터를 확인하는 과정이 필요하다. 이 과정은 데이터 설계, CDP 구축, 데이터 추출, 데이터 사용의 단계를 거친다.

데이터 확인의 4단계

데이터 설계 단계에서는 데이터를 분석하는 마케터의 역량이 중요하다. 우리가 모을 수 있는 데이터는 생각보다 방대하기 때문에 로raw 데이터* 중에서 마케팅 활동을 하는 데 필요한 데이터가 무엇인지 정의하고, 각 데이터와의 상관관계에 따라 대시보드를 구성할 수 있어야 한다. 예를 들어 쇼핑 행동과 관련된 데이터를 봐야 할 경우 전체 웹사이트에 유입된 소비자 데이터, 제품 조회 데이터, 장바구니 행동 데이터, 결제 데이터와 같이 연관이 높은 데이터끼리 묶는 작업을 해야 한다. 또한 우리가 보유한 데이터를 통합 플랫폼인 고객데이터플랫폼customer data platform(CDP) 내에 집합시켜야 한다. 이 플랫폼을 기반으로 하여 자사의 고객 데이터, 자사몰의 웹/앱 데이터, 매체별 광고 데이터 등 각각의 대시보드를 만들고 필요한 데이터만 추출할 수 있으면 효율성은 극대화된다. CDP를 구축해 데이터를 추출하는 작업을 자동화할 경우, 데이터를 입력하고 정리하는 시간은 줄이면서 분석에 많은 시간을 할애할 수 있기 때문에 고객 혹은 자사몰에 대한 이해를 넓히고 인사이트를 확보하는 데 큰 도움이 된다.

물론 이러한 과정은 기업 내부에서 자체적으로 CDP를 구축할 때 필요한 단계다. 스타트업이나 중소기업은 CDP를 직접 구축하기보다 솔루션 도입 비율이 높기 때문에 대부분의 기업은 솔루션을 사용한다. CDP 구축을 위한 업계 솔루션은 워낙 다양하고 비용이 조금씩 상이하므로 우리 회사에 맞는 서비스를 선택하면 되겠다.

참고로 이 책에서 특정 기업 서비스를 추천하지 않는 이유는 시중에 나와 있는 솔루션에 각각의 장단점이 있기 때문이다. 그리고 무엇보다 기업별 운영하는 쇼핑몰의 단계를 분석하고 우리에게 맞는 서비스를 사용하는 게 좋

---

* 가공되지 않은 데이터.

다. 추가적으로 데이터를 확인하는 단계에서 CDP를 구축하거나 관련 솔루션을 활용한다고 할지라도 모을 수 있는 데이터 그리고 모을 수 없는 데이터도 분명히 있으므로 확보 가능한 데이터를 리스트업하여 체크해보는 것도 좋겠다.

예를 들어 구매여정에 따른 데이터를 나열한다고 하면, 소비자가 처음 우리 쇼핑몰로 유입한 단계에서 유입 채널, 유입 소스, 유입 매체, 유입 광고 소재, 유입 키워드, 방문 직전의 페이지 등을 추출할 수 있다. 그리고 유입된 소비자가 사용한 디바이스 종류, 기기 유형, 모델, 운영체제, 디바이스의 버전 등을 추출할 수 있다. 고객에 대한 데이터의 경우 일반적으로 회원의 아이디, 전화번호, 이메일, 마케팅 수신동의 여부, 성별, 생년월일, 최근 구매 데이터 등 고객이 쇼핑몰 내에 남긴 정보를 추출할 수 있다. 그 외에도 상품에 대한 데이터, 콘텐츠에 대한 데이터 등 우리가 확보할 수 있는 쇼핑몰 내의 각종 데이터를 리스트업하고 추출하는 작업을 통해 데이터를 확인하는 과정을 거쳐야 한다.

4단계 고객 이해하기

CRM 마케팅을 위한 준비 과정에서 고객 이해하기는 마케팅 목표를 달성하기 위해 가장 꼼꼼하게 이루어져야 하는 단계다. 이 과정을 통해 CRM 마케터는 고객을 분류하는 세그먼트 작업을 진행하고, 각 세그먼트에 따른 마케팅 액션 플랜을 수립한다.

고객을 데이터에 근거해 분류하면 다음과 같이 세분화할 수 있다.

- 회원가입을 한 고객

- 회원가입을 한 후 일주일 이내 구매를 한 첫 구매 고객

- 회원가입을 한 후 이탈한 고객

- 객단가가 높은 구매 고객

- 재구매 가능성이 높은 첫 구매 고객

- 재구매 타이밍이 다가오는 단골 고객

- 최근 구매 금액이 큰 고객

이 예시보다 훨씬 세분화하여 고객을 분류할 수 있다. 그리고 세분화하여 관리할수록 고객은 더욱 개인화된 메시지를 받는다. 다만 지나치게 세분화할 경우 CRM 마케터가 고려해야 할 사항과 고객별 메시지의 기획과 제작, 발송과 데이터 관리 등의 업무량이 만만치 않게 증가할 수 있다. 그러므로 CRM 마케팅을 처음 한다면 초기에는 고객세그먼트를 단순하게 분류하고, 캠페인을 실행하다가 성과가 뚜렷하게 개선된 이후에 고객분류를 늘리면서 이에 맞는 액션 플랜을 수행하는 것이 좋다.

5단계 시나리오 구상과 액션 플랜 수립하기

이 단계에서는 CRM 마케터가 구체적으로 가설을 세우고 검증하기 위해 앞서 확인한 데이터와 고객분류를 기반으로 고객의 행동유도를 위한 계획을 세운다. CRM 마케팅 캠페인 진행을 위해 다음 사항을 구상해야 한다.

- 목표 설정

- 대상의 정의

- 메시지

- 채널 설정

예를 들어 기업에서 월간 매출을 전월 대비 00% 올리겠다는 큰 목표를 결정하고 3개의 세부 목표로 액션 플랜을 세운다면, 다음과 같은 예시로 설정해볼 수 있다. 목표를 정하고 구체적인 대상, 메시지, 마케팅 채널을 정하는 과정을 간략하게 보여준다.

목표 1 신규 회원 매출 올리기

- **대상**: 신규 회원(이때의 신규 회원은 회원가입한 지 일주일 이내의 고객)
- **메시지**: 첫 구매 고객 혜택, 적립금 2배, 첫 구매 무료 배송 등
- **채널**: SMS

목표 2 고객의 객단가 높이기

- **대상**: 장바구니에 제품을 담은 고객, 제품 조회를 한 고객
- **메시지**: 지금 장바구니에 ○○ 제품 추가하면 배송비 무료, 세트 상품 추가 할인
- **채널**: 친구톡

목표 3 재구매 횟수 늘리기

- **대상**: 첫 구매 이후 구매가 없는 고객, 최근 6개월 이내 재구매 없는 고객
- **메시지**: 기존에 샀던 ○○ 제품 오늘만 30% 추가 할인
- **채널**: 친구톡, 앱푸시

이 목표를 실제로 실행하려면 마케터가 추가 데이터를 확보해야 한다. 객단가를 높이기 위해서는 현재 운영하는 쇼핑몰의 평균 객단가가 얼마인지, 객단가를 얼마나 높이고 싶은지를 고려하고 마케팅을 실행할 때 다양한 세트 구성이 있는 이벤트를 랜딩페이지를 보여주면 좋을지, 장바구니에 제품을 담을 때 팝업으로 추가 상품 리스트를 보여주는 것이 좋을지와 같은 전략을 세워야 한다. 재구매 횟수를 늘리기 위해서는 재구매 고객에게 할인 쿠폰을

제공했을 때 쿠폰 사용 비율은 어느 정도인지, 금액 할인(5천 원 할인)과 정률 할인(5% 할인) 옵션 중 우리 고객의 반응은 어느 쪽이 더 높은지, 재구매 주기는 어떠한지 등을 추가로 파악하면 캠페인을 더욱 정교화하여 실행할 수 있다.

이렇게 CRM 마케팅을 하기 위한 구체적인 목표와 대상, 메시지, 마케팅 채널에 대한 시나리오를 설계하면 이제 본격적으로 캠페인을 실행하는 단계로 넘어간다.

6단계 캠페인 실행하기

CRM 솔루션을 사용하면 솔루션 내에서 캠페인을 진행할 수 있고, 고객세그먼트를 기반으로 파일을 추출해 카카오모먼트 등 친구톡 사이트에서 직접 메시지를 발송할 수도 있다. 다음 이미지와 같이 NHN DATA 다이티의 Campaign Manager, 스냅컴퍼니의 스냅푸시, 채널톡 같은 서비스를 비롯해 빅인, 브레이즈와 같은 솔루션을 활용할 수 있다.

NHN Data 다이티의 캠페인 매니저 화면

스냅푸시의 메시지 발송 화면

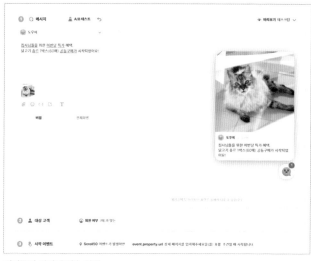

채널톡의 메시지 발송 화면

이외에도 세그먼트로 분류한 고객 데이터만 엑셀 혹은 txt 파일 등으로 저장한 다음 카카오톡 채널 관리자 센터에서 친구톡을 직접 집행할 경우, 메시지 발송 전에 '신규그룹 만들기' 파일을 생성하여 이 파일 안에 발송 고객 리스트를 업로드한다. 이렇게 업로드 된 고객 파일은 친구그룹 목록에서 확인할 수 있다. 그리고 메시지를 전송할 때 해당 친구그룹 목록 중 필요한 그룹을 선택해 메시지를 전송할 수 있다.

카카오톡 채널 관리자 센터 → 설정 → 친구그룹 목록 → 신규그룹 만들기

제대로 된 시나리오의 기획과 액션 플랜 수립이 완료되면, 직접 혹은 솔루션을 활용한 운영 등 원하는 방식으로 캠페인을 실행할 수 있다.

7단계 성과지표 분석 및 인사이트 확보하기

마지막 단계에서는 캠페인 실행 이후에 도출된 성과지표를 해석하고 고객이 시나리오대로 행동했는지, 목표한 성과는 달성했는지를 측정한다. 또한 데

이터 결괏값에 따라 전략을 수정할지, 가설을 다시 세울지 등을 결정한다.

다음 이미지는 내가 컨설팅한 식품 쇼핑몰에서 문자 마케팅(친구톡)을 집행한 이후의 데이터를 보여주는 화면이다. 이 통계를 보면 2023년 1월 9일에서 2월 7일 사이에 총 18만 3422명의 고객에게 문자 마케팅을 집행했으며, 이 중 13.58%인 2만 4907명이 해당 문자를 클릭했음을 알 수 있다. 메시지 발송에 사용된 광고 비용은 24만 7214원(인당 1.35원)이 집행되었고 그로 인한 광고 매출은 약 1.2억 원이 발생했다. 광고로 기인한 전환 매출인 ROAS는 4만 8358%가 나왔다. 해당 업체는 고객의 로열티가 상당히 높은 편이고 재구매가 많은 업체로서 CRM 마케팅의 효과를 톡톡히 보고 있음을 파악할 수 있다.

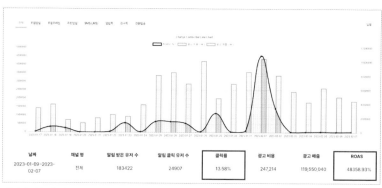

메시지 전송 후의 통계 데이터

이외에도 동기간 CRM 마케팅을 통해 발송된 데이터 결과를 보면 다음 그래프와 같다. 이 쇼핑몰은 유입 대비 구매전환율이 17.74%로 상당히 높으며 고객의 객단가는 27500원에 형성되어 있다는 것을 알 수 있다. 1.2억 원의 매출을 일으키기 위해 솔루션에 24.7만 원을 사용했으니 그야말로 효율성 높은 마케팅을 펼치고 있음을 알 수 있다.

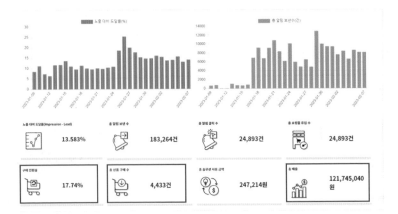

메시지 전송 후의 통계 데이터를 한눈에 볼 수 있는 대시보드

이 데이터에 기반해 추가적인 마케팅 전략을 세운다면 고객세그먼트를 나누어 기존 로열티가 높은 단골 고객에게는 별도의 마케팅을 진행하고, 신규 회원에게는 모객을 위한 회원가입 혜택과 리마인드 문자 마케팅을 진행하는 게 좋겠다.

4-2 고객구매여정에 따른 캠페인 세팅

이번 절에서는 고객구매여정customer decision journey(CDJ)에 따른 CRM 마케팅 캠페인의 실전 세팅을 다룬다. 고객구매여정은 소비자가 우리 쇼핑몰에 유입한 이후부터 제품을 구매해 여정을 종료하는 단계를 의미한다. 고객구매여정에 따른 CRM 마케팅이란 소비자가 각 단계를 지나는 과정에서 이탈할 가능성이 있는 지점을 찾아 이탈을 막고 구매여정을 종료할 수 있도록 실행하는 마케팅 활동을 의미한다.

고객구매여정을 고려해 나눈 고객의 활동은 다음과 같이 4단계로 정리할 수 있다.

- 1단계 외부 광고나 검색을 통해 자사몰로 유입되는 단계
- 2단계 다양한 제품을 보고 마음에 드는 제품을 찾아가는 상품 조회 단계
- 3단계 제품에 흥미를 느끼고 구매 리뷰를 찾거나 정보를 검색해 구매 의욕을 보이는 장바구니 단계
- 4단계 결제를 통해 구매여정을 종료하는 단계

다음 이미지는 과거에 판매했던 톤업 크림을 구매하는 소비자의 구매여정을 도식화한 것이다.

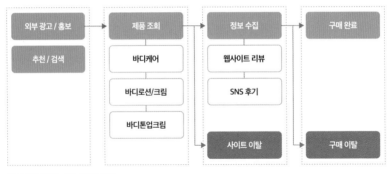

온라인을 통한 제품 구매 과정

단계별 소비자 시나리오를 상상해보면 다음과 같다.

> *6월 어느 초여름, 소비자는 한여름에 잘 어울리는 패션을 떠올리고 있다*
> *가, 문득 인스타그램 스토리에 노출된 바디 톤업 크림 광고를 보게 된다.*
> *백옥같이 하얀 피부를 연출하면 핫팬츠를 입었을 때 더욱 예뻐 보일 것이*
> *라는 생각을 하고 쇼핑몰에 들어간다. 제품의 상세페이지에서 제품의 기*
> *능과 성분, 이 제품의 장점을 읽는다. 마침 첫 구매 고객에게 배송비 무료*
> *쿠폰과 적립금 2배 혜택을 준다는 이벤트 팝업창이 뜬다. 소비자는 이를*
> *보고 회원가입하여 제품을 장바구니에 담고 쿠폰을 사용한 후 구매한다.*

이 시나리오는 고객구매여정이 처음부터 끝까지 원활하게 마무리될 때까지의 과정을 서술한 것이다. 그러나 실제 소비자는 우리의 상상처럼 모든 단계를 원활히 진행하지 않는다. 어떤 소비자는 자사몰에 들어오자마자 '브랜드 컬러가 너무 원색적이네?'라고 생각하며 이탈할 수도 있고, 회원가입을 하려니 입력하라는 정보가 너무 많아 귀찮아서 이탈할 수도 있다. 장바구니에 제품을 담은 후에도 갑자기 걸려 오는 전화를 받다가 결제하는 걸 잊어버린 채 방치되는 경우도 있다. 이처럼 소비자의 구매여정은 여러 가지 변수로 인해 매번 종료되지는 않으므로 CRM 마케팅이 필요하다. 마케터는 구매여정 4단계에서 소비자가 왜 이탈하는지 추측하고, 어떤 장치가 있으면 이탈하지 않을지 가설을 세워 이를 검증해야 한다. 그럼 CRM 마케팅에서의 가설과 전략을 단계별로 살펴보자.

1단계는 기업의 외부 광고나 홍보 채널을 통해 쇼핑몰에 유입되는 경우와 추천 또는 자발적인 검색을 통해 들어오는 경우로 나뉜다.

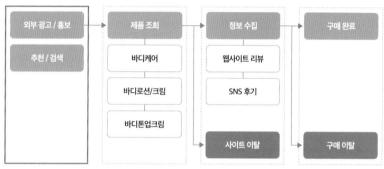

온라인을 통한 유입 단계

1단계에서 유입한 소비자가 2단계로 넘어가는 과정에서 이탈해버렸다. 왜 이탈했을까? 소비자가 이탈하는 순간에 대한 가설을 세우고 각 경로를 추적해보았다.

가설1 사이트를 방문했으나 회원가입 없이 이탈한다

가설1 은 회원가입을 할 때 지나치게 많은 정보를 요구하거나 가입 과정이 까다롭게 설계된 경우다. 혹은 회원가입을 해도 얻는 혜택이 적을 것 같아 굳이 회원가입하지 않는 경우도 있다. 이렇게 가입 과정이 까다로운 경우가 원인일 때의 전략을 세워보면 다음과 같다.

전략1 회원가입 단계에서 정보 수집 최소화

전략2 카카오톡이나 네이버 연동으로 쉽게 회원가입할 수 있는 버튼 추가

전략1 으로 설정했을 경우 회원가입을 최소화하기 위해 기존에 이름, 전화번호, 이메일, 주소, 생년월일을 기재하는 형태에서 이름, 전화번호만 입력하면 바로 가입할 수 있도록 단계를 축소해보자. 그다음 소비자에게 회원가입을 유도하는 메시지를 발송한 후, 회원가입률이 얼마나 증가했는지 비교해본다.

다음 이미지의 좌측은 기존의 일반 회원가입 방식이고 우측은 SNS를 통한 간편 가입 방식이다.

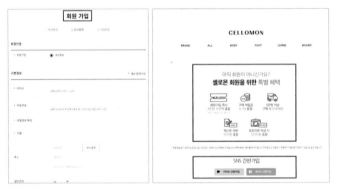

회원가입 방식 변경 전과 후

기존에는 회원가입을 하려면 소비자가 이름, 비밀번호, 주소, 전화번호, 이메일 등 여러 정보를 기재해야 하는 불편함이 있었다. 변경한 우측 화면에는 회원가입 전환을 높이기 위해 회원가입을 하면 어떤 혜택을 제공받을 수 있는지 일목요연하게 보여주는 배너를 삽입했다. 회원가입 즉시 2만 원 상당의 쿠폰팩을 증정하거나 구매 적립 혜택을 증정하는 부분을 표기한 것이다. 또한 2만 원 쿠폰팩을 받기 위한 전제 조건으로 광고 마케팅 수신동의

를 요청했다. 앞서 여러 번 강조했듯이 회원가입 단계에서 광고 마케팅에 대한 수신동의를 받아야 CRM 마케팅을 온전히 진행할 수 있다. 회원가입 시 마케팅 동의를 받지 못하면 마케팅 활동에 제약이 생기기 때문에 회원가입 단계에서 마케팅 수신동의까지 받는 게 매우 중요하다.

전략2 도 앞의 이미지와 동일하게 카카오, 네이버와 같은 SNS 간편 도입 기능을 삽입하면서 일반 회원가입 시 불편했던 정보 등록 부분을 삭제한 것이다. 앞의 이미지를 다시 한번 살펴보자. 좌측의 경우 소비자가 회원가입을 위해 각종 정보를 직접 기재해야 하므로 회원가입 도중 이탈할 가능성이 높다. 따라서 눈에 띄지 않는 옅은 컬러로 회원가입란을 만들었다. 반면 우측의 경우 빠른 가입을 유도하기 위해 SNS 간편가입 버튼을 눈에 띄게 배치했다.

이를 통해 소비자가 자연스럽게 SNS 가입하기와 회원가입 혜택을 먼저 확인할 수 있도록 세팅했다. 결과적으로 이러한 변화를 통해 쇼핑몰의 구매여정 1단계인 회원가입의 전환율이 30% 이상 개선되었다.

이번에는 구매여정 중 2단계와 3단계를 함께 생각해보자.

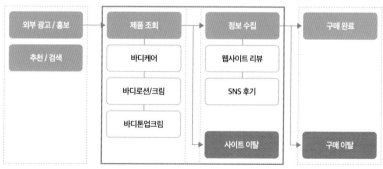

제품 조회, 정보 수집 단계

고객이 쇼핑몰에 진입해 회원가입 절차를 마치고 제품을 장바구니에 담기까지 했다. 그러나 구매하지 않고 이탈했다. 이들이 이탈한 원인은 무엇일까? 이에 대해 다음의 경우를 가정해볼 수 있다.

- **가설 1** 가격과 구성의 문제
- **가설 2** 배송비 부담
- **가설 3** 단순 변심

각각의 가설은 다음과 같이 더욱 구체적으로 풀어볼 수 있다.

- **가설 1** 제품에 관심이 많지만 가격 부담이 있거나 세트 상품 구성이 마음에 들지 않는다
- **가설 2** 5만 원 이상 무료 배송이라는 제약 조건 때문에 구매가 망설여진다
- **가설 3** 장바구니에 담았지만 시간이 지나 해당 제품에 대한 구매에 흥미가 떨어졌다

이러한 상황에서 CRM 마케터는 어떠한 전략을 세우면 좋을까? 다음의 전략을 예로 들어보자.

- [전략 1] 장바구니에 담고 24시간 동안 결제하지 않은 고객에게 추가 쿠폰 발행
- [전략 2] 24시간 한정 배송비 무료 쿠폰 발행
- [전략 3] 새로운 기획전이나 제품 정보를 발송해 호기심 유발

다음 이미지는 세 개의 다른 쇼핑몰에서 발송한 친구톡 메시지인데, 각각 기간 한정 추가 쿠폰 발송, 배송비 무료, 새로운 기획전을 보여준다.

문자 마케팅 예시(클래스101, 아디다스, 러쉬)

이를 통해 CRM 마케터는 고객들이 어떤 메시지를 받았을 때 구매여정을 종료하는지 추적해야 한다. 또한 고객들이 어떠한 혜택에 반응하는지를 학습하면 이후 이벤트나 프로모션을 설계할 때도 성과율을 높일 수 있다.

이제 구매여정 마지막 단계에서의 이탈을 살펴보자.

온라인 쇼핑몰에서의 최종 구매 단계

4단계까지 오면 거의 모든 여정을 마친다고 봐야 하지만, 최종 단계에서 구매하지 않고 이탈해버리는 고객도 상당히 많다. 외부 노출된 광고를 보고 유입해 장바구니에 제품을 담았지만 결제 과정에서 이탈해버리는 경우다. 이들이 이탈한 원인을 어떻게 가정하면 될까? 다음의 세 가지 가설을 세울 수 있다.

> **가설 1** 결제 과정에서 고객이 원하는 결제 수단을 사용할 수 없거나 결제 시스템 자체의
> 에러가 발생한다
> **가설 2** 결제 과정에서 타 제품 대비 비싸다고 생각하여 이탈한다
> **가설 3** 결제 과정에서 어떤 이유에서든 호기심이 떨어져 단순 변심한다

이러한 가설을 세웠다면 다음 전략을 통해 구매여정을 마치게끔 유도할 수
있다.

> **전략 1** 결제 편의성 개선
> **전략 2** 추가 할인 쿠폰, 혜택 푸시 메시지 발송
> **전략 3** 새로운 기획전, 제품 정보로 호기심 자극

가장 긴급하게 해결해야 하는 가설은 결제 과정에서의 에러나 결제 수단의
보완이다. 우리 회사의 경우 오전 8시부터 시작하는 블랙프라이데이 행사
에서 결제 오류가 발생한 적이 있다. 소비자가 외부 채널을 통해 쇼핑몰에
진입하여 장바구니에 제품을 담는 과정까지는 진행되는데, 오전 9시까지
결제가 이뤄지지 않고 병목 현상이 발생했던 것이다. 평소 장바구니에 제품
을 담는 행동까지 이어지면 이 중 몇 %는 구매전환이 이루어지곤 했는데,
이벤트를 론칭한 지 1시간이 지나도 구매 데이터가 전혀 쌓이지 않았다. 그
래서 직접 결제해보니 결제창에서 에러가 발생하는 것을 발견하여 즉시 PG
업체와 연락을 취해 결제 단계의 문제를 해결했다. 이후 결제까지 원활한
흐름을 보였다.

이러한 경우는 CRM 마케터가 이벤트를 진행할 때 내부의 실시간 데이터를
모니터링하지 않으면 캐치할 수 없는 이슈다. 이렇게 알아채지 못했다면 큰
매출을 놓쳤을 것이다. 그러므로 마케팅 담당자는 평소 데이터 전환율을 체

크하고 고객구매여정에서 데이터를 꾸준히 모니터링하여 이슈가 발생했을 때 빠르게 대응하는 훈련이 필요하다.

결제 과정에서의 이탈은 앞서 이야기한 가설1 외에도 가설2 , 가설3 과 같이 결제 단계에서 가격이 비싸다고 생각하는 경우와 단순 변심, 가격 비교 등을 통해 제품에 대한 흥미를 잃고 새로움을 추구하는 경우가 발생할 수 있다. 이 가설을 검증하기 위해 CRM 마케터는 결제 직전에 쿠폰을 발송한다거나 아예 새로운 기획전을 제공함으로써 주의를 환기할 수 있다.

다음 이미지는 본 상품에 대한 할인 쿠폰을 제공하거나 새로운 기획전, 이벤트를 안내하는 친구톡의 예시다.

결제 단계에서의 문자 마케팅 예시(W컨셉, 샤넬, 탑텐)

4단계에서도 다른 단계와 마찬가지로 고객의 이탈에 대한 가설과 전략을 설정했을 때 우리의 전략이 통했는지 전환율을 통해 검증해야 한다. 또한 어떤 방법을 사용했을 때 우리 고객들이 몇 %의 구매전환율로 구매여정을 마치는지에 대한 데이터도 정리해야 한다.

이렇게 해서 CRM 마케팅의 실전 중 쇼핑몰에 방문하는 소비자의 구매여정을 단계별로 나누어 각 단계에서 이탈하는 지점을 분석하고 전략을 세우는 방법을 살펴봤다. 고객구매여정에서의 이탈 과정을 살펴보면 고객을 다각도로 이해할 수 있다.

4-3 고객생애가치 증대를 위한 캠페인 세팅

지난 절에서 고객구매여정 단계에 따른 CRM 마케팅 캠페인 세팅에 관해 이야기했다면, 이번 절에서는 고객의 세그먼트를 나누는 데 있어 고객생애가치lifetime value(LTV) 증대의 목적으로 고객들을 분류해 캠페인을 세팅하는 실습을 진행해본다. 고객을 나눌 때는 구매행동과 관련하여 최근성, 빈도, 구매액의 3요소를 고려해야 한다. 이에 기반해 고객을 정의하는 기준은 기업이 놓인 상황에 따라 상이하다.

'단골 고객'에 대한 정의만 하더라도, 의류 기업이라면 최근 6개월 내 3회 이상 구매한 고객을 단골 고객이라고 정의할 수도 있고, 6개월 내 누적 금액 40만 원 이상 결제한 금액을 기준으로 삼을 수도 있다. 혹은 식품 기업이라면 재구매 빈도가 높은 고객을 단골 고객이라 정의할 수 있다. 이처럼 재구매 사이클이나 업체별 고객의 구매 객단가가 다르므로 상황에 맞게 단골 고객을 정의해 캠페인을 실행해야 한다.

여기서 살펴볼 고객군별 목표는 크게 네 가지다.

- 재구매 늘리기
- 리뷰 작성 유도하기
- 이탈 막기
- 로열티 확보하기

그럼 각 목표에 따라 캠페인을 세팅해보자.

재구매 늘리기

온라인 쇼핑몰의 경우 일반적으로 재구매율이 오프라인 대비 2.7배 정도 낮다. 재구매율이 낮으므로 1회당 평균주문가치average order price(AOV)를 높이는 것이 중요하다. 따라서 기업은 객단가를 높이기 위해 묶음 상품을 구성하거나 세트로 구매할 때 추가 할인을 제공하는 방법을 많이 이용한다. 고객은 구매를 고려하는 제품과 연관도가 높고, 필요하다고 여기는 구성의 세트 상품을 선택한다.

다음 쿠팡의 사례를 살펴보자. 제품을 선택하고 결제하기를 눌렀더니 두 가지 버전의 제안이 나왔다.

결제 전 한 번 더 메시지를 주는 쿠팡의 예시

좌측 이미지를 먼저 보자. '결제 전에 한 번 더 확인하세요'라는 메시지가 나타나면서 주문 중인 상품과 연관 상품을 추천했다. 헤어 에센스 오일을 장바구니에 담았더니 헤어 트리트먼트를 연관 상품으로 제안한 것이다. 헤어 오일과 트리트먼트는 연관성이 높기 때문에 같이 구매할 고려 대상군이 된다. 또 연관 제품 추천 외에도 기존에 재구매를 했던 제품을 보여주면서 구매 시기가 되었음을 넌지시 알려주고 있다. 우측 이미지의 경우 제품 구매하기를 눌렀더니 이번에는 '한 번 더 확인하고 알뜰 장보기'라는 메시지와 함께 최상단에 '자주 산 상품 함께 담기'가 노출되었다. 아울러 식품을 장바구니에 담았더니 하단에 '놓치면 아까운 특가 상품'으로 연관성 있는 할인 특가 제품을 제안했다. 이를 통해 고객은 장바구니에 담은 제품과의 연관성이 높고, 추가 구매 시 이득이 되는 제품이라고 판단하면 함께 구매하는 결정을 내린다.

그러나 이번에 우리가 세운 목표는 '재구매 늘리기'다. 일회성 구매 고객을 반복 구매 고객으로 만드는 전략을 세우는 것이 우선이다. 재구매를 늘리기 위한 CRM 마케팅 캠페인을 수립하기 위해서는 현재 우리 쇼핑몰의 상황을 파악하는 것이 중요하다.

다음 이미지는 어느 쇼핑몰의 구매 데이터다. 이 데이터에서 알 수 있는 점은 이 쇼핑몰의 매출은 대부분 첫 구매 활동으로 이루어지고 재구매가 이루어지지 않는다는 사실이다. 즉, CRM 마케팅이 거의 이루어지지 않고 있다고 봐도 과언이 아니다.

NHN Data 다이티의 AI BOX에서 데이터 추출한 예시

이러한 쇼핑몰의 경우 'Loyal'이라고 되어 있는 단골 고객의 재구매 주기를 파악하는 것이 중요하다. 보유하고 있는 데이터를 최대한 활용하여 추정해 보는 것이다. 그리고 이러한 추정을 통해 재구매 주기를 파악했다면 다음과 같이 고객을 구분하여 세부 목표를 설정하고 캠페인을 기획할 수 있다.

우선 고객세그먼트는 '재구매 타이밍이 다가오는 첫 구매 고객'과 '높은 가치를 가진 첫 구매 고객'으로 구분했다.

먼저 재구매 타이밍이 다가오는 첫 구매 고객을 대상으로 하는 캠페인의 전략을 살펴보자.

재구매 늘리기 전략 세팅(1)

- **목표**: 재구매 늘리기
- **대상**: 재구매 타이밍이 다가오는 첫 구매 고객
- **메시지**: 5천 원 쿠폰 발송
- **채널**: SMS 혹은 친구톡

다음은 내가 컬리에서 첫 구매를 한 후 받은 문자다. 문자를 받은 후 일주일 이내에 사용할 수 있는 5천 원 쿠폰을 발송해 재구매를 유도하고 있다.

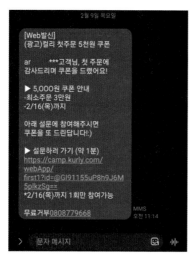

컬리에서 발송한 재구매 유도 문자 예시

고객이 지속적으로 쿠폰이나 할인 혜택을 누리면서 쇼핑몰에서의 구매 경험을 수차례 쌓다 보면 자연스럽게 록인될 가능성이 높다. 그러므로 첫 구매를 한 고객에게 리마인드 메시지를 보냄으로써 재방문을 유도해 2회차 구매행동으로 이어지게 만드는 것이 중요하다.

이번에는 높은 가치를 가진 첫 구매 고객을 대상으로 하는 재구매 늘리기 캠페인을 살펴보자. 고객세그먼트에서 '높은 가치를 가진 고객'의 정의는 기업마다 다르지만, 일반적으로는 객단가가 높은 고객으로 말할 수 있다. 이러한 고객은 한 번 구입할 때의 구매액이 높기 때문에 자연스럽게 세트 구성 상품과 추가 할인을 보여주는 캠페인을 세팅할 수 있다.

재구매 늘리기 전략 세팅(2)

- **목표**: 재구매 늘리기

- **대상**: 높은 가치를 가진 첫 구매 고객

- **메시지**: 즉시 사용 가능한 추가 할인 쿠폰 발송

- **채널**: 친구톡

다음은 즉시 사용 가능한 할인 쿠폰의 예시다. 높은 가치를 가진 첫 구매 고객을 위해 추가 할인 쿠폰을 발송할 수도 있고, 기존의 구매 제품 카테고리와 연관되는 세트 상품 할인율을 노출함으로써 구매를 유도하는 캠페인을 실행할 수도 있다.

아디다스에서 발송한 추가 할인 쿠폰 친구톡 예시

리뷰 작성 유도하기

이번에는 쇼핑몰에서 제품 구매 후 리뷰 작성을 유도하는 캠페인을 세팅해 보자.

고객 리뷰는 쇼핑몰을 운영하는 기업의 매우 소중한 자산이다. 왜냐하면 신규 고객은 리뷰를 바탕으로 정보를 획득하므로 리뷰가 구매 결정에 중요한 영향을 미치기 때문이다. 어떤 기업은 풍부한 구매 후기를 쌓기 위해 매월 베스트 리뷰를 선정해 적립금을 부여한다거나 선물을 증정하는 등 고객이 자발적으로 리뷰를 남기기 위한 유도 장치를 마련하고 있다. 또한 개인화된 링크를 발송해 해당 링크를 클릭하면 쇼핑몰 로그인 없이도 바로 후기를 작성할 수 있는 서비스를 이용하는 업체도 많다. 이를 통해 고객이 리뷰를 쉽게 남길 수 있도록 유도하는 것이다.

다음 사례를 통해 CRM 마케팅에서 리뷰 작성을 유도하는 캠페인을 어떻게 실행하면 될지 살펴보자.

리뷰 작성 유도하기 전략 세팅

- **목표**: 리뷰 작성 유도하기
- **대상**: 제품 구매자 중 리뷰 미작성 고객
- **메시지**: 생생한 구매 후기를 남겨보세요!
- **채널**: 알림톡 또는 친구톡

다음 이미지는 실제 제품을 구매한 고객에게 발송된 리뷰 작성을 유도하는 알림톡의 예시다. 브이리뷰 솔루션을 활용하고 있는 기업들인데, 브이리뷰 솔루션을 활용할 경우 고객이 쇼핑몰에 접속하지 않고 친구톡의 [후기 올리기], [리뷰 작성하기] 버튼만 누르면 바로 쇼핑몰과 연동되어 리뷰를 작성할 수 있기 때문에 참여율을 높일 수 있다.

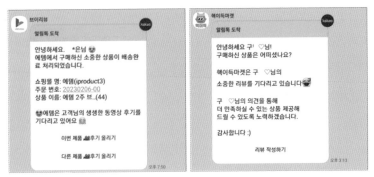

리뷰 작성을 유도하는 알림톡 예시

리뷰 작성을 유도하는 또 다른 예로 반려동물 제품 브랜드인 조공을 들 수 있다. 조공은 제품에 대해 어떻게 생각하는지 좌측 이미지와 같이 [만족해요], [괜찮아요], [아쉬워요] 버튼 중 하나를 택하도록 유도하고 있으며, 버튼을 클릭할 경우 우측 이미지처럼 별점 부여, 이미지 또는 동영상 첨부를 통해 구매 후기를 작성할 수 있도록 했다. 이렇게 친구톡과 리뷰 솔루션을 연동하는 방법으로 고객들의 리뷰 작성 편의성을 극대화했다.

알림톡에서 리뷰 페이지와 연동한 조공의 예시

한편 알림톡을 통해 구매 후기를 푸시하지 않고 사이트 내 진입했을 때 구매 후기 작성을 유도하는 경우도 있다. 다음 이미지는 SSF SHOP 내 마이 페이지 화면인데, 이미 구매한 제품의 목록을 보여주면서 구매 후기를 쓸 수 있는 메뉴를 따로 마련해두었다.

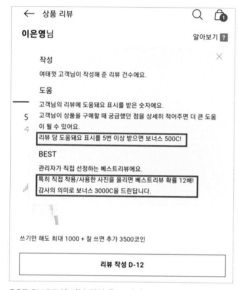

SSF SHOP의 리뷰 작성 유도 예시

해당 메뉴를 클릭하면 기간 내 리뷰를 작성할 경우 다음 구매에 사용할 수 있는 적립금을 제공한다. 또한 텍스트 리뷰를 작성하면 500포인트, 이미지까지 첨부하면 1천 포인트를 제공해 고객들에게 자연스럽게 포토 리뷰를 유도한다.

특히 리뷰 방향을 제시하는 부분이 흥미롭다. 리뷰 당 '도움돼요' 표시를 5회 받으면 보너스 500코인을 제공한다거나 직접 착용한 사진을 올리면 베스트 리뷰 확률이 12배 높아지는 것을 안내한다. 이를 통해 고객은 베스트 리뷰에 선정되기 위해 옷 사진을 그대로 올리기보다는 옷을 착용한 후 인증샷을 찍으려고 할 것이다. 고객이 쇼핑몰에서 제시하는 가이드대로 리뷰를 남기면 더 풍성한 착용 사진을 볼 수 있기 때문에 잠재 고객들의 의사결정에 좋은 영향을 미친다.

이렇듯 리뷰 솔루션을 활용해 친구톡에서 바로 리뷰를 작성하는 방법, 베스트 리뷰 가이드를 제공하는 것 모두 참고할 만한 전략이다.

이탈 막기

이번에는 최근에 방문이 뜸한 고객이거나 초기에 활발하게 구매 활동을 하다가 어느 순간부터 구매가 뜸해진 고객의 이탈을 막기 위한 CRM 마케팅 캠페인을 세팅해보자. 이들을 위해서는 크게 두 가지 전략을 쓸 수 있다. 첫째는 할인을 직관적으로 보여주는 방법이고, 둘째는 다양한 기획전을 보여줌으로써 호기심을 자극하는 방법이다. 이러한 캠페인은 기존의 방식과 유사하지만 이탈할 리스크가 있는 고객에게 리마인드 메시지를 보냄으로써 우리 쇼핑몰을 찾아달라는 의미도 포함하므로 다음과 같이 세팅할 수 있다.

이탈 막기 전략 세팅(1)

- **목표**: 이탈 막기
- **대상**: 최근 방문이 뜸한 고객
- **메시지**: 할인을 직관적으로 강조하기
- **채널**: 친구톡

다음 이미지는 세 군데의 쇼핑몰에서 진행하는 이벤트를 보여주는데, 각각

70~90%까지 높은 할인율을 강조하는 메시지라는 특징이 있다. 이를 통해 이탈할 조짐이 보이는 고객의 재방문을 유도하고, 방문으로 이어지면 마케터는 이들을 별도로 관리하면서 다시 관계를 쌓아갈 수 있다.

할인율을 강조하는 친구톡 예시(무신사스토어, 오호라, 앤아더스토리즈)

두 번째 전략도 최근 구매가 뜸한 고객을 대상으로 하는데, 이번에는 할인율보다 호기심을 자극하기 위해 다음과 같이 새로운 기획전을 보여줌으로써 쇼핑몰 방문을 유도해볼 수 있다.

이탈 막기 전략 세팅(2)

- **목표**: 이탈 막기
- **대상**: 최근 구매가 뜸한 고객
- **메시지**: 신규 기획전 보여주기
- **채널**: 친구톡

다음 이미지는 새로운 기획전을 알리는 메시지로 구성된 캠페인이다.

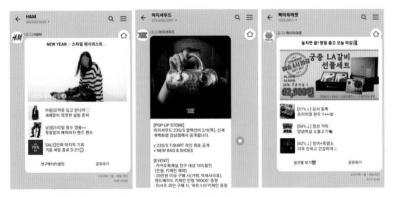

기획전을 안내하는 친구톡 예시(H&M, 마지셔우드, 핵이득마켓)

CRM 마케팅은 고객들이 어떠한 메시지를 선호하는지, 어떠한 메시지에 반응해 쇼핑몰로 방문하여 다시 우리와 관계 맺는 행위를 이어나갈지 찾아가는 과정이다.

로열티 확보하기

고객생애가치를 늘리기 위한 마지막 예시로 로열티를 확보하기 위한 CRM 마케팅 캠페인을 알아보자. 로열티를 확보한다는 것은 우리의 단골 고객이 된다는 것을 의미한다. 그리고 단골 고객은 자주 구매하는 고객과 누적 구매 금액이 높은 고객으로 분류된다. 구매 행위 외에도 '로열티가 있다'고 판단할 수 있는 근거에는 주변에 우리 쇼핑몰에 대한 이야기를 얼마나 많이 하는지 혹은 추천하는지에도 달려 있다.

'친구 초대하기'는 로열티를 확보하기 위한 가장 효과적인 방법이다. 이미 쇼핑몰에 만족한 고객이 추천해 데려오는 고객은 잠재적으로 로열티를 가진 고객이 될 수 있기 때문이다. 그러므로 단골 고객이 친구 초대를 했을 때 큰 혜택을 제공함으로써 로열티를 확보하는 데 신경을 써야 한다. 추천한 사람, 추천받는 사람 모두에게 혜택을 제공하여 친구를 데려오는 행위가 자신에게도 이익이 있다고 생각하게 만드는 것이다. 다음의 예시를 살펴보자.

로열티 확보하기 전략 세팅

- **목표**: 로열티 확보하기

- **대상**: 최근 3일 이내 제품을 구매한 고객

- **메시지**: 친구 초대 안내하기

- **채널**: 친구톡 또는 쇼핑몰 내의 메시지

다음 이미지에서 다양한 쇼핑몰에서 친구 초대 혜택을 안내하는 모습을 볼수 있다. 친구를 초대할 때마다 초대한 사람, 초대받은 사람 모두에게 적립금 5천 원을 주는 곳부터 20%, 30% 할인 쿠폰, 스타벅스 커피+케이크 세트를 제공하는 곳 등 다양한 이벤트를 내걸면서 고객을 유인하고 있다.

친구 초대 혜택의 메시지 및 친구톡 예시

이렇게 해서 특정 고객세그먼트를 추출하며 고객생애가치를 증대하기 위한다양한 캠페인 사례를 살펴보았다.

4-4 단골 고객을 위한 캠페인 세팅

이번 절에서는 쇼핑몰에 기여도가 높은 단골 고객을 대상으로 하는 캠페인에 대해 알아보자.

단골 고객은 마케터가 가장 집중 관리해야 하는 최상위 고객군이다. CRM 마케팅 내에서는 이를 통칭해 '단골 고객'으로 분류할 수 있다. 단골 고객은 신규 고객, 단기적인 거래 관계를 맺는 고객, 2~3회 구매 후 이탈하는 고객 등과 다르게 우리 쇼핑몰을 '즐겨찾기'하고 고정적으로 거래하는 이들을 의미한다. 이와 관련해 NHN DATA에서는 웨비나를 통해 에이스카운터를 활용 중인 10개 업종 매출 상위 100개 기업을 대상으로 2022년 1월부터 8월까지의 고객 데이터를 발표한 바 있다. 발표에 따르면 온라인 쇼핑몰 내 10%의 단골 고객이 전체 매출액의 44% 이상 기여했다고 한다. 특히 단골 고객의 매출액 비중이 높은 업종은 식음료, 의류 분야로 각각 10% 단골 고객의 매출 기여도가 49%, 47%로 나왔다.

이 수치만 봐도 단골 고객, 즉 상위 20%의 고객이 전체 매출의 80%를 견인한다는 파레토의 법칙이 적용됨을 알 수 있다. 그만큼 단골 고객이라 불리는 이들에 대한 세심한 관리가 중요하다. 그러나 NHN DATA는 온라인 쇼핑몰 내 단골 고객의 59.4%가 5개월 이내에 재구매 없이 조용히 사라진다고 밝혔다. 이때의 단골 고객은 최근 3개월 내 매출액 상위 10% 고객 중 5개월 동안의 재구매가 발생하지 않은 고객을 의미한다. 단골 고객 한 명이 만드는 월평균 매출액이 13만 4982원이라고 추정할 때 쇼핑몰에서 한 명의 고객을 잃는 것은 연간 161만 9784원의 매출을 잃는 셈이다. 만약 상위

100명의 단골 고객을 잃으면 연간 1.6억 원의 매출을 날리는 것과 마찬가지이니 기업 입장에서는 큰 손해다.

그렇다면 단골 고객은 어떻게 관리해야 할까? 단골 고객은 일반적으로 구매 횟수를 기준으로 잦은 구매를 하는 고객과 높은 누적 금액을 보이는 고객을 모두 일컫는다. 물론 그 기준은 기업마다 다르다. 업종별 재구매 사이클과 객단가가 다르므로 식품 쇼핑몰에서 재구매가 일주일에 1회 일어난다고 한다면, 화장품 쇼핑몰에서는 2개월에 1회씩 발생할 수 있다. 그러므로 기업 상황에 따라 단골 고객을 분류하는 기준이 다르다. 그러나 특정 기간 내 구매 횟수나 누적 구매액을 기준으로 일단 단골 고객으로 분류되었다면 이들을 관리하는 방식은 비교적 유사하게 진행된다.

단골 고객과 관련하여 다음 세 가지 목표를 설정하고 각각의 전략을 알아보자.

- 단골 고객의 객단가 올리기
- 단골 고객의 이탈 막기
- 단골 고객 특별 관리하기

단골 고객의 객단가 올리기

우리 쇼핑몰을 자주 찾는 단골 고객이 있는데, 방문할 때마다 2만 5천 원 정도의 구매 객단가 흐름을 보인다고 하자. 이 고객의 객단가를 5만 원 이상으로 올리고 싶다. 어떻게 하면 좋을까? 다음의 예시를 보자.

단골 고객의 객단가 올리기 전략 세팅

- **목표**: 단골 고객의 객단가 높이기

- **대상**: 객단가가 낮은 단골 고객

- **메시지**: 5만 원 이상 구입시 한 달간 무료 배송 혜택 또는 세트 상품 할인 노출

- **채널**: 친구톡

다음 이미지와 같이 단골 고객의 객단가를 높이기 위해 무료 배송 혜택을 안내하거나 세트 상품 구매 시 적용되는 할인 혜택을 노출함으로써 객단가를 높일 수 있다. 또한 단골 고객만을 위한 개인화된 메시지를 발송할 경우 고객들은 훨씬 친근함을 느낀다.

단골 고객 객단가 높이는 혜택을 제공하는 예시

단골 고객의 이탈 막기

두 번째로 단골 고객의 이탈을 막기 위한 캠페인을 살펴보자. 앞서 NHN DATA 자료를 통해 이야기했듯이 평균적으로 단골 고객의 59.4%가 5개월 내 추가 구매 없이 조용히 이탈한다. 따라서 상위 10% 우수 고객이 이탈하

는 신호를 보이기 전에 발 빠른 대응이 필요하다. 최근 방문이 뜸한 단골 고객이라든지 구매 금액이 적어진 단골 고객이 있다면 이탈 신호를 보내고 있다고 볼 수 있다. 그러므로 이들이 떠나기 전에 다시 잡는 캠페인을 실행해야 한다. 이탈을 막기 위해 최근 들어 구매 금액이 부쩍 줄어든 고객을 위한 캠페인을 세팅해보자.

단골 고객의 이탈 막기 전략 세팅

- **목표**: 단골 고객의 이탈 막기
- **대상**: 최근 구매 금액이 적어진 단골 고객
- **메시지**: 소멸 예정 포인트를 안내하며 적립금 혜택 강조
- **채널**: 친구톡

다음 이미지처럼 최근 구매 금액이 적어지고 이탈 조짐이 보이는 단골 고객이 있을 경우, 그동안 쌓아둔 적립금이 소멸 예정이라는 것을 안내하면서 해당 적립금을 사용하기 위해 다시 방문하도록 행동을 유도한다.

고객이탈을 막기 위한 적립금, 쿠폰 만기 안내 예시

이외에도 제공한 상품권의 유효기간을 안내하면서 자연스럽게 상품권 사용을 유도하는 것 역시 이탈을 막기 위한 마케팅 기법이다. 만약 이러한 친구

톡 메시지를 받은 고객이 재방문하여 재구매가 이루어진다면, 이와 연결하여 VIP 혜택을 확인할 수 있는 푸시 메시지를 보내는 것도 좋은 방법이다.

다음 이미지는 내가 단골 고객으로 이용하는 패션 앱의 화면이다. 이 앱은 현재 나의 회원 등급과 해당 등급에 속한 고객이 누릴 수 있는 혜택을 일목요연하게 나타낸다. 또한 현재 전체 멤버십 등급 중 어느 위치에 있는지 시각화하여 보여줌으로써 자연스럽게 구매 객단가를 높일 수 있도록 고객의 행동을 유도한다.

VIP 등급과 혜택을 보여주는 예시(SSF SHOP, 29CM)

단골 고객 특별 관리하기

마지막으로 살펴볼 캠페인은 단골 고객만을 위한 특별한 관리다. 오프라인에서의 단골 고객 관리는 면대면으로 이루어지므로 온라인 상호작용에 비해 고객이 느끼는 감정이 더 직접적이다. 그러나 온라인의 경우 아무리 정성껏 관리한다고 해도 이게 정말 나만을 위한 혜택인지, 내가 정말 특별한 대우를 받는 것인지 인지하지 못할 수 있다. 그러므로 단골 고객을 더욱 특별하게 대우하기 위해서는 차별화된 메시지를 심어줘야 한다. 예시를 살펴보자.

단골 고객 특별 관리 전략 세팅

- **목표**: 단골 고객만을 위한 특별 관리하기
- **대상**: 단골 고객
- **메시지**: 단골 고객만을 위한 시크릿 쿠폰 증정 혹은 이벤트 링크 제공
- **채널**: SMS 메시지 혹은 친구톡

다음 캠페인 사례를 살펴보면 좌측 이미지는 단골 고객의 구매 기록을 바탕으로 VIP 할인 쿠폰을 받을 수 있는 메시지를 발송해 특별 관리를 받고 있다는 사실을 알리고 있다. 우측 이미지는 한정판 제품의 신상품 출시를 알리면서 일반 고객보다 이벤트에 먼저 참여해 제품을 구매할 수 있음을 알린다.

이렇게 단골 고객의 데이터에 기반하여 별도의 추가 할인 쿠폰이나 한정판 제품 링크를 제공하면 단골 고객은 나를 위한 특별한 혜택이라 여길 가능성이 높고 이를 통해 브랜드에 더욱 애정을 갖고 한층 더 깊은 로열티를 형성해나갈 것이다.

CRM 마케팅은 결국 고객과의 관계를 맺는 행위다. 모든 고객과의 관계가 깊고 특별하면 좋겠지만, 쇼핑몰을 운영하고 매출을 높여야 하는 실무진 입장에서 냉정하게 바라보면 깊은 관계를 맺어야 하는 고객은 정해져 있다. 한정된 예산과 인력으로 모든 고객을 동일하게 대할 수는 없기 때문이다. 그러므로 쇼핑몰에 중장기적으로 기여하는 고객생애가치가 높은 단골 고객을 관리하는 것이 중요하며, 이들 스스로 특별한 대우를 받는다고 느끼게끔 마케팅한다면 이들은 우리가 생각하는 그 이상으로 기업과 브랜드에 상당한 가치를 안겨줄 것이다.

4-5 성과지표의 의미와 해석

지금까지 CRM 마케팅 캠페인 집행을 위한 준비 과정부터 고객구매여정에 따른 캠페인 세팅 방법, 세그먼트별로 추출한 고객을 관리하는 캠페인 사례까지 살펴봤다. CRM이라는 거창한 용어를 쓰고 있을 뿐이지, 온라인 쇼핑몰을 운영하는 기업들은 동일한 방식의 마케팅 활동을 하고 있다. 대부분의 기업은 이미 고객을 위해 할인 쿠폰을 발송하고 앱푸시로 신상품을 안내하며 친구톡으로 배송비 기간 한정 무료 이벤트를 안내한다.

그러나 기존 온라인 앱/웹 마케팅과 다른 점이 있다면, CRM 마케팅은 고객을 나누어 관리하고 데이터 분석을 통해 성과지표를 지속적으로 관리한다는 점이다. 얼마나 세밀하게 고객구매여정을 설계하고 고객을 나누느냐에 따라 CRM 마케팅의 성과도 천차만별이다. 데이터를 많이 들여다보고 많은 캠페인을 시도해볼수록 고객에 대한 이해가 깊어지고 우리 쇼핑몰을 효율적으로 운영하는 방법을 찾을 수도 있다. 단, CRM 마케팅을 하는 실무 담당자가 밤새 데이터를 보고 고객을 5단계가 아닌 100단계로 나누어 관리하는 것은 현실적으로 불가능하다. 기업은 한정된 리소스를 사용해야 하기 때문에 상황에 맞는 기준을 정하고 실행하는 것이 중요하겠다.

앞서 이야기했듯 CRM 마케팅도 일반 온라인 마케팅같이 친구톡과 앱푸시로 이벤트를 발송한다. 그러나 무엇보다 중요한 점은 '사후 관리'다. 고객을 세그먼트로 나누어 해당 고객의 행동유도를 위한 메시지를 설계했을 때 그 메시지는 유효했는지, 실제 전환 행동으로 이어졌는지를 추적해야 한다. 그리고 우리가 세운 가설이 유의미했는지 꾸준히 검증하면서 고객을 관리해야 한다. 퍼포먼스 마케팅과 마찬가지로, 성과지표 데이터를 어디서부터 어디까지 볼 것인지는 분석가의 역량에 달려 있다. CRM 마케팅을 시작하는 기업이라면 모든 데이터를 열람하고 상관관계를 분석하는 복잡한 작업에서 벗어나, 목표에 맞는 전환값이 나왔는지만 정확히 파악할 수 있으면 성공한 것이다.

나이키와 CJ제일제당의 구매퍼널을 잠시 살펴보자. 마케팅 클라우드에서 제공한 데이터를 재가공해 표현한 다음 이미지를 보면, 나이키 운동화의 경우 제품 조회가 100% 이루어졌지만 80% 이상의 소비자가 이탈해 14.5%만이 장바구니 담기로 이어졌다. 그리고 최종 제품 구매는 3.5%만 이루어졌다. 반면 CJ제일제당의 햇반은 제품 조회가 100% 이루어졌고, 절반 정도 이탈하여 47.8%가 장바구니 담기로 이동했다. 최종 제품 구매는 25.5%나 이루어졌다.

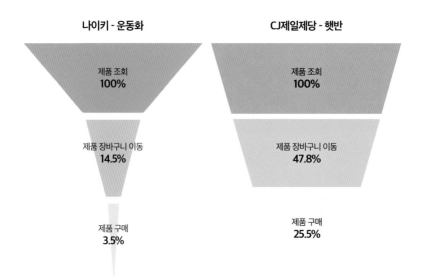

나이키 운동화와 CJ 제일제당 햇반의 구매퍼널 예시

만약 1천 명의 소비자가 유입되어 제품을 조회한 것이라면 나이키는 35명, CJ제일제당은 255명의 고객이 구매한 셈이다. 이렇게 구매퍼널로 단순히 비교하면 CJ제일제당이 훨씬 유리해 보인다.

그러나 다음 이미지를 살펴보자. 나이키는 1천 명 중 3.5%인 35명이 제품을 구입했는데 매출액은 350만 원이고, CJ제일제당은 1천 명 중 25.5%인 255명이 제품을 구입했는데 255만 원의 매출액이 나왔다.

구분	나이키	CJ제일제당
구매 건수	35명	255명
구매율	3.5%	25.5%
매출액	3,500,000	2,550,000

나이키와 CJ 제일제당 햇반의 매출액 차이 예시

구매퍼널상으로는 CJ제일제당이 월등히 우수했지만, 최종 매출 결과는 나이키가 높다. 이는 객단가의 차이에서 기인한다. 극단적인 비교를 하기 위해 나이키의 인당 객단가는 10만 원, CJ제일제당은 1만 원으로 두어 계산했다.

여기서 CRM 마케터가 해야 할 고민은 '어떻게 하면 객단가를 높일 수 있을까?'이다. 동일한 소비자 수가 유입되는데 매출액에서 차이가 발생할 경우 CJ제일제당이 객단가를 5천 원 정도만 올리더라도 전체 매출은 382만 5천 원이 된다. 이것이 바로 CRM 마케팅이 필요한 이유다. 만약 아무런 활동을 하지 않고 그대로 놔둔다면 객단가는 늘 정체를 보일 것이고, 새로운 고객을 꾸준히 유입시키기 위해 큰 비용을 쓰다 보면 정작 단골 고객 관리에 소홀해질 수 있다. 수치를 보고 어떠한 점을 개선해야 할지 찾고, 어떻게 하면 개선할 수 있을지 고민하는 데에서 성과지표 관리가 시작된다.

CRM 성과지표에 대한 이해

2장에서 정리했듯이 CRM 마케팅에는 크게 온사이트 마케팅과 챗봇, 문자 마케팅(SMS, 친구톡, 알림톡), 앱푸시 마케팅, 이메일 마케팅이 있다. 각각의 마케팅 활동에서 CRM 마케터는 어떠한 성과지표를 보는 것이 좋을까?

솔루션 업체별로 성과지표를 정의하는 용어가 조금씩 다르다. 성과지표는 크게 발송 수, 클릭 수, 구매전환, ROAS, 반송률로 나뉜다. 친구톡이라고 가정하고 각각의 용어를 정의하면 다음과 같다.

- **발송 수**: 소비자에게 발송한 메시지의 총합
- **클릭 수**: 발송한 친구톡에서 클릭한 고객의 수
- **구매전환**: 친구톡을 통해 들어온 고객 중 제품을 구매한 금액의 합
- **ROAS**: 친구톡으로 기인한 광고 전환 매출의 비율(친구톡을 통해 발생한 매출 / 친구톡 발송 광고 비용의 합)
- **반송률**: 사이트에 유입되어 첫 페이지를 보고 바로 나간 소비자의 비율

이러한 지표를 보고 이해하는 것에서부터 CRM 마케팅을 시작해보자. 좀 더 디테일하게 지표를 보기 위해서는 친구톡 내에 삽입한 버튼의 클릭률이라든지 A/B 테스트 진행 시 전환율이 높았던 소재 분석 등 내부에서 외부로 발송한 다양한 광고 소재, 고객의 행동을 분석할 수 있다.

더불어 CRM 마케팅 활동을 통해 우리가 목표로 했던 주요 성과지표들의 개선이 있었는지 체크하는 것도 병행하자. 예를 들어 활동을 통해 순방문자 unique visitor(UV)가 증가했는지, 월간활성사용자monthly active users(MAU)가 증가했는지 또는 마케팅 수신동의 고객이 증가했는지와 같은 데이터를 보는 것도 좋다.

경로에 대한 분석

간단한 성과지표 분석을 마쳤으면 다음으로 경로 분석을 체크해야 한다. 경로 분석이란 우리가 CRM 마케팅을 할 때 고객의 구매여정을 단계별로 나누어 진행하는 결과에 대한 분석으로, 소비자가 우리가 원하는 단계로 이동하면서 고객구매여정을 잘 마무리했는지를 살펴보는 것이다.

경로에 대한 분석은 구매여정의 전 단계를 펼쳐놓고 보면 좋다. 여기에 대한 주요 성과지표는 2장에서 언급한 바 있다. AARRR 모델에 따라 고객여정을 획득 – 활성화 – 리텐션 – 추천 – 수익의 5단계로 관리한다고 할 경우 다음과 같이 지표를 추적하면 좋다.

1단계 획득

- 핵심 KPI 성과지표: 고객획득비용(CAC), 신규 고객 수, 채널별 유입 트래픽, 클릭률(CTR), 월간활성사용자(MAU), 일간활성사용자(DAU), 소셜미디어 참여도(좋아요, 댓글, 공유 등)

- 고려해야 할 데이터
  - 마케팅 채널별 비용 및 성과
  - 고객 유형 및 인구 통계
  - 캠페인 및 광고 성과
  - 웹사이트 또는 앱 분석 데이터

- 전략적 개선 방안
  - 고객획득비용 최적화: 효율적인 채널 활용, 타기팅 개선, 캠페인 효율성 증대
  - 전환율 향상: 콘텐츠 개선, 사용자 경험 최적화, A/B 테스트 진행
  - 채널별 전략 수립: 각 채널에 맞는 콘텐츠 및 캠페인 제작

2단계 활성화

- 핵심 KPI 성과지표: 평균 구매 단가, 이탈률, 해지율, 월간활성사용자, 일간활성사용자, 사용 빈도, 핵심 기능 사용률, 사용자 참여도(콘텐츠 소비, 상호작용, 피드백 등)

- 고려해야 할 데이터
  - 사용자 행동 분석: 사용자 여정, 클릭 패턴, 기능 사용
  - 설문조사 및 사용자 인터뷰: 사용자 만족도, 니즈, 피드백
  - 온보딩 프로세스 분석: 사용자 가입 및 초기 경험

- 전략적 개선 방안
  - 사용자 참여 유도: 흥미로운 콘텐츠 제작, 맞춤형 추천 제공, 커뮤니티 활성화
  - 온보딩 경험 개선: 사용자 친화적인 가이드 제공, 핵심 기능 소개, 가치 전달
  - 사용자 세분화: 사용자 유형별 맞춤형 경험 제공

3단계 리텐션

- 핵심 KPI 성과지표: 체류 시간, 방문 주기, 이벤트 참여율, 클릭률, 고객유지율, 이탈률, 고객생애가치(LTV), 고객 만족도(고객 설문조사, 리뷰 분석)

- 고려해야 할 데이터
  - 사용자 활동 패턴 분석: 로그인 빈도, 기능 사용, 콘텐츠 소비
  - 고객 지원 티켓 및 문의 분석: 사용자 문제점 및 불만 사항
  - 고객 만족도 조사: 리뷰 분석

- 전략적 개선 방안
  - 고객 만족도 향상: 사용자 문제 해결, 개선 사항 적용, 친절한 지원 제공
  - 맞춤형 경험 제공: 사용자별 맞춤형 콘텐츠, 추천, 할인 제공
  - 리워드 프로그램 운영: 충성도 높은 고객에게 혜택 제공

4단계 추천

- 핵심 KPI 성과지표: 추천 수, 추천에 기인한 구매전환율, 바이럴 계수, 소셜미디어 참여도(브랜드 언급 및 공유), 추천 프로그램 참여율(추천 링크 클릭, 가입, 구매 등)

- 고려해야 할 데이터
  - 추천 프로그램 참여율: 추천 링크 클릭, 가입, 구매
  - 소셜 미디어 참여도: 브랜드 관련 게시글 공유, 언급
  - 고객 만족도 조사: 리뷰 분석

- 전략적 개선 방안
  - 효과적인 추천 프로그램 운영: 혜택 제공, 참여 유도, 추천 프로세스 간소화
  - 브랜드 홍보 강화: 브랜드 가치 전달, 긍정적 이미지 구축, 고객 참여 유도
  - 고객 만족도 향상: 고객 중심 서비스 제공, 문제 해결, 긍정적 경험 제공

5단계 수익

- 핵심 KPI 성과지표: 평균주문가치(AOV), 구매전환율(ROAS), 고객당평균수익(ARPU), 고객생애가치(LTV)

- 고려해야 할 데이터
  - 구매 패턴 분석: 구매 빈도, 구매 금액, 구매 상품
  - 고객 세분화: 고객 유형별 구매 패턴 분석
  - 가격 및 프로모션 분석: 가격 민감도, 프로모션 효과

- 전략적 개선 방안
  - 고객생애가치 극대화: 재구매 유도, 업그레이드 판매, 맞춤형 프로모션 제공
  - 평균 주문 가액 증대화: 상품 번들 판매, 교차 판매, 할인 정책 조정
  - 구매전환율 향상: 결제 과정 간소화, A/B 테스트 진행, 사용자 경험 최적화

이렇게 하여 AARRR 모델에 따라 마케터가 체크해야 할 성과지표, 고려해야 할 데이터, 전략적 개선 방안까지 살펴봤다.

고객에 대한 분석

다음으로 고객을 세그먼트로 나눠 실행한 광고 캠페인이 실제 성과로 이어졌는지를 파악해야 한다. 다음 예시는 다양한 소재로 문자 마케팅을 진행했

을 때 얻은 데이터 값을 나열한 것이다. 이 데이터에서 어떠한 광고 소재가
유의미한지 분석할 수 있어야 한다.

광고명	유입수	유입률	매출액(원)	구매율	구매 건수	객단가
1. 여름한정쿠폰	3,580	78%	2,624,000	1.15%	41	64,000
2. 더블적립혜택	589	13%	990,000	3.40%	20	49,500
3. 무료배송 안내	240	5%	168,000	1.25%	3	56,000
4. 기간한정 이벤트	115	3%	356,000	3.48%	4	89,000
5. 기획전	46	1%	153,000	2.17%	1	153,000
합계	4,570	100%	4,291,000	2.29%	69	82,300

고객세그먼트에 따른 광고 성과 결과 예시

이 표에서 전체의 78%는 '여름한정쿠폰'이라는 소재를 통해 유입되었음을
알 수 있다. 그리고 유입된 3580명 중 1.15%가 구매로 전환되어 262만 4
천 원의 매출을 만들었다.

'더블적립혜택'의 경우 유입률이 13%로 첫 번째 소재 유입률보다 낮지만,
구매전환율은 첫 번째 소재 대비 2배 이상 높다. 더블적립혜택이라는 문자
를 받고 들어온 소비자의 니즈와 실제 진열 제품의 니즈가 첫 번째 제품보
다 더 일치하기 때문에 전환율이 높다고 판단할 수 있다. 또는 객단가가 각
각 6만 4천 원, 4만 9500원인 점을 봤을 때 더블적립혜택 제품 가격대가
낮기 때문일 수도 있다. 이러한 성과지표가 주어졌을 때 다양한 시각에서
데이터를 분석하는 것이 중요하다.

또한 고객에 대한 분석 시 놓치지 말아야 할 점은 CRM 마케팅을 한 이후
광고 마케팅 수신에 동의한 고객 수의 증가/감소 추세를 확인하는 것이다.
만약 광고 마케팅 수신동의를 한 고객 수가 현저하게 줄었다면 메시지를 너
무 자주 발송해 피로감을 느끼는 상황인지, 고객의 세그먼트가 제대로 이뤄
졌는지, 기타 어떠한 이유에서 수신을 거부했는지를 반드시 분석해야 한다.

이렇게 해서 CRM 마케팅 캠페인을 진행한 이후의 성과지표를 분석하는 방법과 경로와 고객을 나누어 분석하는 요령을 안내했다. 현업에 다양하게 적용해 성과지표를 관리해보자.

프로 CRM 마케터가 되기 위한 체크 포인트

CRM 마케팅을 실행할 때 알면 좋은 꿀팁을 이야기하려고 한다. 다음 세 가지를 알면 더욱 프로답게 일할 수 있다.

- 모수가 충분하지 않을 때는 무엇에 집중해야 하는가
- CRM 마케팅 캠페인 실행 시 유의할 점은 무엇인가
- 자동화 메시지와 수동화 메시지를 적절하게 이용하는가

모수가 충분하지 않을 때는 무엇에 집중해야 하는가

기업에서 CRM 마케팅을 하려는 의지는 많지만 실제 고객 모수가 적은 경우가 있다. 극단적인 예로 고객 수는 100명인데 세그먼트를 10개로 나누어 관리하면 세그먼트당 고객 수는 고작 10명 내외다. 이때는 세그먼트를 나누지 않고 한 번에 캠페인을 실행하는 게 효율적일 수 있다.

만약 CRM 마케팅을 하려는데 모수가 충분하지 않다면 모수를 쌓는 일에 더 집중하는 것을 추천한다. 신규 고객 유치 및 충분한 고객 확보를 위해 퍼포먼스 마케팅을 하는 게 훨씬 효과적이다. 예를 들어 홈페이지 유입을 목적으로 광고나 회원가입 캠페인을 펼치는 과정에서 마케팅 수신동의를 받으면 좋다. 고객들이 마케팅 수신동의를 하지 않으면 CRM 마케팅을 시작조차 할 수 없기 때문에 신규 회원 고객 대다수가 수신동의를 하도록 하기 위한 혜택과 유인 장치가 있어야 한다.

CRM 솔루션 업체들의 경우, 이렇게 모수가 적을 때는 유사 타깃 오디언스를 제시하고, 해당 타깃으로 캠페인을 진행할 수 있는 데이터를 제공하기도 한다. 물론 이런 데이터를 사용하려면 비용이 수반된다. 그래도 만약 내가 식품 유통 쇼핑몰을 운영하고 있는데 신규 고객을 유치하기 위해 컬리, 오아시스와 같은 앱 사용자를 타깃으로 광고를 할 수 있다든지, 숙박앱을 운영하는데 야놀자, 여기어때 앱을 사용하는 사용자를 타깃으로 광고할 수 있다면 회원

가입 전환율을 훨씬 높일 수 있다. 그러므로 모수가 적다면 모수를 늘리는 활동을 통해 고객을 확보하는 데 주력하자.

CRM 마케팅 캠페인 실행 시 유의할 점은 무엇인가

문자 마케팅, 이메일 마케팅과 같이 무언가를 외부로 전송하는 경우 실수하면 되돌릴 수 없다. 온사이트 마케팅이라면 서둘러 배너를 교체하거나 정정할 수 있지만, 일단 발송된 친구톡이나 이메일의 경우에는 회수 기능이 없기 때문에 마케터의 세심한 모니터링이 필요하다. 친구톡을 발송하기 전에는 추가한 버튼이 활성화되어 있는지, 올바른 랜딩페이지로 설정이 되어 있는지, 문자에는 오타가 없는지 또는 유행하는 단어를 남발해 고객을 불편하게 만드는 요소가 없는지 꼼꼼히 체크해야 한다.

자동화 메시지와 수동화 메시지를 적절하게 이용하는가

CRM 마케팅 업무에 따라 자동화할지 수동화할지를 구분하고 이에 대한 구조를 짜는 것을 추천한다. 반복적인 CRM 캠페인 세팅이 필요할 때 사전에 조건을 만들어 메시지가 자동으로 발송되게 만드는 것을 자동화 메시지라고 하는데, 이러한 구조를 설계해두면 마케터의 업무량을 획기적으로 줄일 수 있다.

예를 들어서 다음 구조와 같이 회원가입한 고객 중 구매 고객에게는 '첫 구매 고객 혜택'을 알리는 캠페인이 자동 발송되도록 세팅하는 것이다. 또한 제품을 발송한 후 2일 뒤에는 '구매 리뷰 작성 유도' 알림톡 자동 발송을 세팅한다. 이런 식으로 매번 반복되는 캠페인의 경우 친구톡, 알림톡을 자동화하면 CRM 마케터는 해당 캠페인에 대한 성과지표만 추적하면 된다.

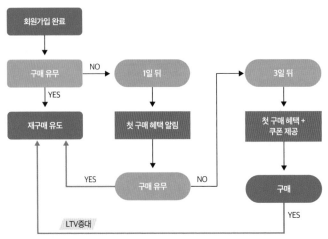

자동화 메시지를 보내기 위한 플로차트 예시

이외에도 장바구니에 제품을 담은 고객의 구매 액션이 없을 때 구매로의 행동을 유도하기 위해 자동화 메시지를 설정할 수도 있다. 예를 들어 장바구니를 담은 후 1일 뒤까지 구매하지 않는 경우 장바구니 리마인드 캠페인을 실행하거나, 3일 뒤에는 장바구니 리마인드 혜택에 추가 할인 혜택을 넣어 발송하게끔 세팅할 수도 있다.

이렇게 고객구매여정에서 반복적으로 일어나는 고객의 행동을 유도할 경우에는 자동화 메시지가 발송되도록 설계하고, 특정 이벤트를 기획 및 설계해야 하거나 시즌성 이벤트를 알려야 하는 프로모션을 진행할 경우에는 마케터가 캠페인을 직접 세팅하면 효율적인 운영이 가능해진다.

APPENDIX

부록

오늘의집 기업 사례

AARRR 모델을 기반으로 고객구매여정 살펴보기

지금까지 CRM 마케팅의 개념부터 핵심 요소, 목표에 따른 캠페인 실전 세팅, 성과지표의 분석과 전략을 세우는 방법까지 살펴봤다. 부록에서는 AARRR 모델을 기반으로 '오늘의집' 기업 고객의 구매여정을 살펴보고, 오늘의집은 어떤 방법으로 효과적인 CRM 마케팅을 펼치고 있는지 단계별로 알아보겠다.*

책의 초반에 안내했듯이 AARRR은 고객구매여정을 분석하기 위한 모델으로, 고객의 획득 – 활성화 – 리텐션 – 추천 – 수익의 5단계로 나뉜다.

플랫폼들은 대체로 외부 채널에서 소비자를 유입하고 회원가입으로의 전환을 이끌어낸 후 고객이 플랫폼 내에서 지속적으로 활동하고 방문하게끔 각종 마케팅 활동을 펼친다. 고객과의 지속적인 커뮤니케이션으로 고객이 브랜드에 애정을 갖고 서비스를 이용하며 주변에 추천하고 브랜드 로열티를 쌓아나가는 과정이 AARRR 모델의 기본 흐름이며, CRM 마케팅의 고객구매여정이다. 이를 기반으로 오늘의집을 분석해보자.

오늘의집은 버킷플레이스라는 기업이 운영하는 인테리어 플랫폼으로, 집들이 콘텐츠부터 이커머스몰, 전문가 시공 서비스 등 인테리어에 필요한 모든 서비스를 제공한다. 2014년 2월 출시되어 2021년 7월 누적 다운로드 2천만 건을 돌파했다. 2022년 3월에는 2천억 원 이상의 신규 투자를 유치하면

---

* 2023년, '오늘의집 기업 분석'을 주제로 대학교 인턴십 과정 학생들을 위한 CRM 마케팅 강의를 진행했다. 그리고 본서의 부록에 해당하는 내용은 해당 강의의 포트폴리오 과제 1등을 차지한 최건희 학생의 사례를 바탕으로 한다. 사례 인용을 허락해준 최건희 학생에게 감사 인사를 전한다.

서 기업 가치 2조 원 이상으로 평가받는 유니콘*이 되었다. 2022년 매출은 1864억 원, 영업손실은 362억 원을 기록했다. 전년 대비 59%의 매출 성장세를 보이는 반면, 영업손실은 6%가량 줄었다. 2023년에는 손실폭을 66%나 줄이면서 175억 원의 영업손실을 기록했으며, 매출은 전년 대비 31% 증가한 2402억 원을 기록했다. 더불어 2023년 누적 앱 다운로드 3천만 건을 돌파하면서 최근에는 '라이프 스타일 슈퍼 앱'이라는 슬로건으로 적극적인 마케팅 활동을 펼치고 있다.

오늘의집은 전형적인 관심사 커뮤니티 기반의 서비스에서 커머스로 확장하여 강력한 팬덤 기반의 매출을 만들어내고 있다. 특히 사용자가 직접 생산해내는 콘텐츠, 즉 UGCuser-generated content가 끊임없이 생산되는데, 이것이 소비자의 체류 시간을 높이는 데 크게 기여한다. 그리고 사진 링크 연결 기술을 인테리어 콘텐츠에 접목하면서 콘텐츠 소비와 커머스를 자연스럽게 연결한다. 이는 사진 속의 각 아이템에 표시된 플러스(⊕) 버튼을 클릭하면 해당 제품 또는 유사한 제품을 구매할 수 있도록 쇼핑 탭으로 이동하는 원리다. 이 기능을 통해 소비자는 인테리어를 구경하다가 쇼핑 경험으로 이동하고 구매전환으로 이어진다. 소비자 입장에서의 여정은 다음과 같이 정리할 수 있다.

> 앱 유입 → 콘텐츠의 생산 및 소비 활동 → 체류 시간 증가 → 콘텐츠 내 상품 조회 → 구매

기업 입장에서의 흐름은 다음과 같다.

---

*　기업 가치가 1조 원을 돌파한 기업.

소비자 유입 → 회원가입 → 웹/앱 내 모든 활동 데이터 확보 → 맞춤 제품, 콘텐츠 진열을 통해 체류 시간 증가 유도 → 다양한 맞춤화 프로모션 진행 → 매출 상승 → 로열티 확보

오늘의집처럼 커뮤니티에 기반한 서비스와 커머스를 연계하면 소비자와 기업 모두에게 윈윈 전략이 될 수 있다. 이제 본격적으로 오늘의집이 고객여정에 따라 단계별 마케팅을 어떻게 펼치고 있는지 살펴보자.

1단계 획득

오늘의집의 고객획득 단계는 각종 온오프라인에서 무료, 유료 마케팅을 통한 고객과의 접점에서부터 시작된다. 다양한 유입 경로 중 SNS 채널에서의 유입 경로만 살펴보면 다음과 같은 플로차트로 표현할 수 있다.

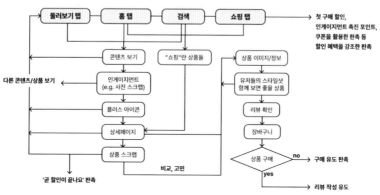

오늘의집 획득 단계_플로차트

소비자는 오늘의집이 운영하는 인스타그램, 유튜브 콘텐츠를 통해 웹 또는 모바일 앱으로 유입된다(이외 다양한 유료 마케팅을 통한 유입 경로도 있겠지만, 외부 관찰자 입장에서 볼 수 있는 인스타그램과 유튜브 채널을 기준으로 플로

차트를 구성했으니 참고 바란다). 이들은 콘텐츠에서 웹/앱으로 이동하는 과정에서 앱을 다운로드할 수도 있고 이탈할 수도 있으며, 앱을 다운로드한 후 회원가입을 할 수도 있고 회원가입을 하지 않은 채 콘텐츠만 볼 수도 있다. 기업은 소비자가 외부 채널에서 플랫폼으로 유입되어 각 단계에서의 여정이 끊기는 이탈 포인트를 찾아 여정을 마칠 수 있는 마케팅을 전개한다. 이러한 마케팅이 온사이트 마케팅이다.

우선 오늘의집 유튜브를 통한 고객구매여정을 살펴보자. 오늘의집 유튜브는 2024년 6월 기준 69.7만 명의 구독자를 확보하고 있고 동영상 콘텐츠는 약 671개 정도다. 평균 조회 수는 41.46만 회, 누적 조회 수는 2.7억 회가 조금 넘는다.

오늘의집 획득 단계_유튜브

동영상 콘텐츠는 다양한 재생목록으로 나누어 관리하고 있으며 대표적인 콘텐츠로는 '비포애프터 시리즈', '하루 뚝딱 인테리어 시리즈', 'O!PLAY' 등이 있다. 오늘의집은 사용자들이 동영상을 보다가 해당 콘텐츠 내의 제품 정보가 궁금할 경우 자연스럽게 제품 상세페이지로 이동할 수 있도록 영상 하단 '더보기' 정보란에 상품의 랜딩페이지를 노출하고 있다. 이를 통해 소비자는 관심이 있는 제품 정보 확인을 위해 웹페이지로 이동하고, 웹페이지에서 제품을 구경할 수도 있고 더 편하게 앱으로 보라는 메시지를 따라 앱을 다운로드할 수도 있다.

오늘의집 획득 단계_유튜브

한편 오늘의집 인스타그램은 2024년 6월 기준 팔로워 133만 명을 보유하고 있고, 인스타그램에서도 소비자가 직접 만든 콘텐츠를 큐레이션하여 스토리에 올리고 해당 스토리 내에 제품 랜딩페이지 링크를 삽입, 플랫폼으로 유도하는 전략을 취하고 있다. 또 소비자가 인스타그램 게시글을 보는 경우 'View shop' 기능을 활용해 오늘의집 웹사이트로의 진입을 유도한다. View shop 기능은 스토리와 달리, 게시글이나 릴스에서는 링크 삽입이 불가능하기 때문에 한 차례 우회해서 방문을 유도하는 프로세스라 보면 된다.

오늘의집 획득 단계_인스타그램

이렇게 소비자는 유튜브나 인스타그램을 통해 오늘의집 웹페이지 또는 앱 다운로드 페이지로 이동하게 되는데, 어떠한 경로로 이동하는지에 따라 회원가입을 위한 다양한 장치를 세팅해두었다.

예를 들어 소비자가 PC로 접속하여 SNS 콘텐츠를 본 후 웹사이트로 이동했다고 하자. 이 경우 소비자는 웹페이지 내에서 '첫 구매 고객 2만 원 할인받기'라는 팝업 배너를 보게 된다. 회원가입은 기본으로 하고 구매하면 즉시 혜택을 줄 테니 가입 및 구매하라는 내용의 메시지다. 이 단계에서 회원가입 시의 혜택보다 첫 구매 혜택을 더 강조하는 이유는 유튜브, 인스타그램 상에서 콘텐츠를 보고 해당 상품이 궁금해 진입했다고 가정했기 때문일 것이다. 이미 소비자가 어느 정도 호기심을 가지고 사이트로 들어왔다면 '구매 시의 혜택'을 보여주는 것이 고객구매여정을 앞당길 수 있다.

또한 2만 원 할인 혜택 바로 아래에 '다들 처음에 뭐 사지?'라는 질문으로 생각이 흘러갈 수 있도록 '첫구매 인기 상품'을 보여준다. 이를 통해 소비자들이 다른 소비자의 선택지를 살펴보면서 유사한 행동을 하게끔 유도하는 마케팅을 펼치고 있음을 알 수 있다.

오늘의집 획득 단계_회원가입 웹버전 추가

이번에는 소비자가 SNS 콘텐츠를 보다가 웹 모바일로 이동했다고 가정하자. 이때 오늘의집에서는 '앱으로 1초 만에 간편하게 로그인하기'라는 메시지와 함께 '편리한 앱으로 보기'라는 슬라이드 팝업 메시지를 띄우면서 자연스럽게 앱 설치를 유도한다. 행동유도 버튼(CTA)을 통해 앱을 이용하는 것이 다양한 혜택도 받을 수 있어 훨씬 유리하며, 모바일 웹으로 보는 행위는 불편하다는 메시지를 넌지시 던지고 있다.

한편 다운로드한 오늘의집 모바일 앱을 열면 다음과 같이 회원가입을 유도하는 각종 프로모션 장치들을 확인할 수 있다. 오늘의집은 회원가입을 하지 않아도 콘텐츠를 보는 데 제약은 없지만, 회원가입이 매우 쉽다는 것을 강조하기 위해 '3초 만에 빠른 회원가입'이라는 메시지를 던지고 있다. 또한 '둘러보기'를 터치할 경우 다음 화면의 하단에 구체적인 가입 혜택을 한 번 더 보여주면서 회원가입을 다시 유도한다.

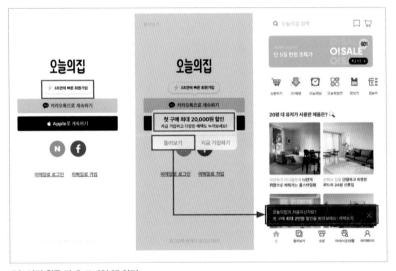

오늘의집 획득 단계_모바일 앱 화면

오늘의집은 회원가입 없이도 콘텐츠를 둘러볼 수 있지만, 콘텐츠를 보다 보면 자연스럽게 커뮤니티 공간 안에서 활동하게 되고 댓글을 남기거나 좋아요를 누르기 위해 회원가입을 해야겠다는 필요성을 느낀다. 이러한 고객여정은 관심사 기반의 커뮤니티들이 가진 차별적 우위라 볼 수 있다.

오늘의집 획득 단계_웹페이지

회원가입을 마친 고객에게는 '관심 주제'를 선택하도록 키워드들을 나열해서 보여주는데, 고객이 이 키워드 중에 마음에 드는 단어를 선택할 경우 AI 자동 진열 알고리즘에 따라 맞춤형 콘텐츠와 제품을 제안한다. 회원가입 직후에 보여주는 이러한 키워드 선택 프로세스는 다른 패션 쇼핑 플랫폼에서도 종종 사용하는 방법이다. 에이블리나 지그재그도 회원가입을 하면 좋아하는 스타일과 의상을 선택하게 하고, 이 단계가 지나면 내가 선택한 키워드 기반의 제품을 맞춤 진열 형태로 보여준다.

오늘의집 획득 단계_회원가입

2단계 활성화

이번에는 AARRR 모델의 두 번째 단계인 활성화 측면에서 오늘의집 플랫폼을 살펴보자. 오늘의집은 고객 활성화를 위해 다음 세 가지 전략을 적용해 고객이 플랫폼 내에서 적극적으로 활동하게끔 유도하고 있다.

- 자발적인 콘텐츠 생성과 연계성
- 커뮤니티 활성화
- 개인화된 진열 알고리즘

자발적인 콘텐츠 생성과 연계성

자발적인 콘텐츠 생성과 연계성 측면에서 살펴보자면 고객은 집들이, 집 사진, 노하우, 취향의 발견 등의 다양한 콘텐츠를 올리거나 소비할 수 있다. 그리고 오늘의집이 제공하는 숏폼, 블로그, 사진 기반의 SNS 등 여러 포맷을 활용하여 원하는 방식의 콘텐츠를 쉽게 올릴 수 있다.

오늘의집 활성화 단계_콘텐츠 배열

예를 들어 집 사진 콘텐츠는 해당 사진에 사진 연결 기술을 적용해 파란색의 플러스(⊕) 아이콘을 표시해두었다. 플러스 아이콘을 누르면 오늘의 추천 상품으로 이동할 수도 있고, 다른 유저들의 공간 베스트 코너를 살펴보면서 내가 마음에 들었던 집 사진과 유사한 콘텐츠를 계속해서 소비할 수 있다. 이렇듯 오늘의집의 콘텐츠들은 서로 긴밀하게 연계되어 있다.

오늘의집 활성화 단계_콘텐츠 연계성

집들이 콘텐츠는 이미지 내 플러스 아이콘을 통해 쇼핑 탭으로 이동하여 상품을 구입할 수 있도록 꾸며두었다. 콘텐츠 소비와 제품 구입의 경험을 연결시킨 것이다. 단, 앞서 예시로 들었던 집 사진 콘텐츠와 달리 집들이 콘텐츠는 하단에 추천 콘텐츠를 따로 배치하지 않았고, 해당 사용자의 인스타그램이나 블로그 등 외부 링크를 연결해두어서 외부 랜딩페이지로 이탈할 가능성이 있다는 아쉬움은 있다. 물론 이러한 링크를 추가하는 것은 고객이 자발적으로 콘텐츠를 올리는 동시에 자신의 채널을 알리고 싶은 심리를 이용한 마케팅 기법이기도 하니, 해당 진열은 전략의 일환이라고도 평가할 수 있다.

커뮤니티 활성화

고객 활성화 전략을 위한 두 번째 전략은 커뮤니티 활성화다. 오늘의집은 팔로우, 팔로잉 및 댓글, 좋아요 등의 기능이 있는 일종의 폐쇄형 SNS 플랫폼으로서 커뮤니티 형태를 띤다. 그 결과 고객들은 플랫폼 내에서 소통하며 서로 간의 관계를 형성하고 있다.

오늘의집 활성화 단계_커뮤니티 활성화

개인화된 진열 알고리즘

마지막으로 사용한 고객 활성화 전략은 개인화된 진열 알고리즘이다. 개인화된 진열이 실제 적용되고 있는지 파악하는 방법은 로그인 상태와 비로그인 상태에서 각각 메뉴 및 진열 구성을 살펴보면 된다. 로그인을 한 오늘의집 화면에는 최근 검색어, 최근 구매한 상품, 최근 본 콘텐츠 등 고객의 행동을 기반으로 맞춤형 콘텐츠를 노출한다. 그러나 비로그인 환경에서 앱에 접속하면 전체 메뉴 구성 중 절반 이상의 메뉴가 빠져 있음을 알 수 있다.

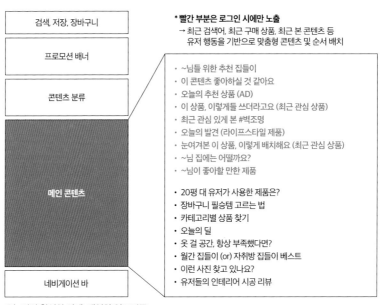

오늘의집 활성화 단계_개인화 알고리즘

이에 대한 예시로 로그인 상태에서 '벽 조명'을 검색한 후 진열 화면을 살펴보자. 홈 화면 최상단에 '최근 관심 있게 본 #벽조명'이라 하여 개인화된 진열을 보여준다.

오늘의집 활성화 단계_개인화 진열

또한 벽 조명을 검색한 후에 '카테고리별 상품 찾기'의 메뉴 순서도 변경되었다. 기존에는 조명이 없었는데, 검색 후 네 번째 순서에 노출되고 있는 것을 확인할 수 있다.

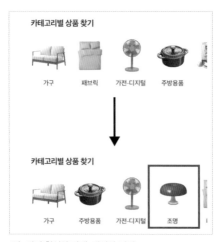

오늘의집 활성화 단계_개인화 진열

오늘의집은 이렇게 고객 데이터를 수집하고 고객행동에 기반한 맞춤형 진열 알고리즘을 적용함으로써 고객이 원하는 제품 및 콘텐츠를 보여주고 구매를 유도한다.

3단계 리텐션

이번에는 리텐션 단계를 살펴보자. 체류를 살펴보기 위해 중요한 지표로는 재구매율, 재방문율, 이탈률이 있다. 마케터는 고객이 얼마나 자주 들어오고 오래 머무는지를 살펴보고 고객이 브랜드 로열티를 쌓게 하기 위해 다양한 CRM 마케팅을 수행한다.

오늘의집은 자발적인 콘텐츠 생성, 커머스, 커뮤니티, 개인화된 진열 알고리즘 콘텐츠 기반의 선순환 구조로 높은 리텐션 지표를 보인다. 특히 재구매율이 높은데, 12개월 이내의 재구매율은 56.7%, 6개월 내의 재구매율은 46.2%에 달한다. 평균적인 구매 횟수는 12개월 이내 5.5회, 6개월 이내에는 4.1회로 역시 높은 수치다.

오늘의집이 유지율을 더욱 높이기 위해 취하고 있는 세 가지 전략은 다음과 같다.

- 다양한 프로모션 진행
- 좋아요, 댓글 등의 푸시 알림을 통한 재방문 유도
- 맞춤 진열 알고리즘을 통한 추천

다양한 프로모션 진행

우선 프로모션은 커뮤니티 활성화를 위한 프로모션과 구매 활동 촉진을 위한 프로모션으로 나뉜다. 커뮤니티 활성화를 위한 프로모션의 경우 다음 예시 '수상한 수건 제보 대회'와 같이 고객들이 직접 참여해 콘텐츠를 올리게끔 고객의 행동을 유도한다. 구매 활동을 촉진하기 위한 프로모션으로는 '수상한 수건 제보 대회', '선착순 쿠폰 이벤트', '럭키드로우 응모' 등이 있다. 그 외에도 기획전, 새로운 소식을 앱푸시 알림을 통해 안내하면서 자연스럽게 재방문을 유도한다.

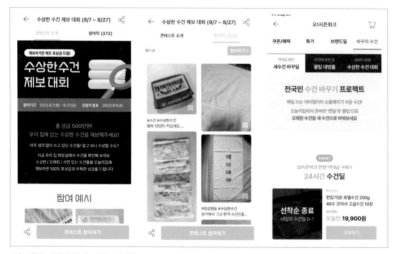

오늘의집 리텐션 단계_이벤트 진행

또한 전략 카테고리의 경우 해당 프로모션을 강조하는 모습을 보인다. '오!시즌위크'와 '전국민 오늘의딜'과 같은 캠페인을 통해 가구를 넘어 라이프스타일 영역까지 이커머스 범위를 확장하려는 시도가 엿보인다.

오늘의집 리텐션 단계_프로모션 안내

좋아요, 댓글 등의 푸시 알림을 통한 재방문 유도

고객유지를 높이기 위한 두 번째 전략으로 좋아요, 댓글 등의 푸시 알림을
통한 재방문 유도가 있는데, 이는 커뮤니티 기반 플랫폼의 특징을 잘 활용
한 사례라 볼 수 있다. 내가 커뮤니티에 올린 콘텐츠에 누군가가 '좋아요'를
누르거나 댓글, 대댓글을 달았을 때 푸시 알림이 오게끔 설정되어 있어, 재
방문과 지속적인 체류를 유도한다. 또 고객 간 자발적인 소통과 상호작용도
자연스럽게 이뤄진다.

오늘의집 리텐션 단계_댓글 알림

맞춤 진열 알고리즘을 통한 추천

고객유지를 높이기 위한 세 번째 전략으로 맞춤 진열 알고리즘 및 추천을 들 수 있다. 고객이 최근 본 상품, 최근 구매한 상품을 보여주거나 다른 고객이 함께 구매한 상품을 추천 진열함으로써 크로스셀링, 업셀링과 같은 연계 구매를 유도한다.

오늘의집이 이러한 전략을 취하는 이유는 다른 패션 앱과는 달리 인테리어 제품의 경우, 한 번 구입하면 단기간 내에 동일한 아이템을 재구매할 가능성이 거의 없기 때문에 연관 제품을 소개하거나 다른 유저의 스타일링 콘텐츠를 보여줌으로써 1회 구매의 객단가를 높이려는 것이다.

오늘의집 리텐션 단계_맞춤 진열 알고리즘 및 추천

4단계 추천

이번에는 추천 단계를 살펴보자. 추천 단계는 고객의 구매여정 중 기존 고객의 서비스 만족으로 이어지는 결과이자 새로운 고객구매여정이 시작되는 단계로서 기존 고객이 잠재 고객을 유도하는 모든 마케팅 전략이 포함된다.

잠재 고객이 우리의 고객, 회원으로 유입하기 위한 경로에는 어떤 것들이 있을까? 추천 마케팅의 전략을 하나씩 살펴보자.

- 콘텐츠를 통한 추천

- 기존 고객의 추천

- 다른 사람의 리뷰를 통한 추천

- 큐레이팅을 통한 추천

콘텐츠를 통한 추천

일단 콘텐츠 측면에서 살펴보자. 오늘의집의 누적 가입 회원 수는 3천만 명, 월간활성사용자는 500만 명 이상이다. 커뮤니티를 중심으로 플랫폼이 움직이다 보니 고객이 생산해내는 콘텐츠 양이 어마어마하며 콘텐츠마다 좋아요, 댓글 등 다양한 상호작용이 이어진다. 오늘의집도 고객이 적극적으로 콘텐츠를 생성해내도록 유도하고 있다. 이렇게 만들어진 콘텐츠는 플랫폼의 첫인상이 된다. 볼만한 콘텐츠가 많을수록 잠재 고객은 '도움이 된다'는 생각을 가지고 고객구매여정을 시작한다.

기존 고객의 추천

친구 초대 이벤트는 추천 마케팅의 가장 전형적인 형태로 수많은 기업이 CRM 마케팅의 일환으로 사용하고 있다. 오늘의집에서도 친구 초대 이벤트를 파격적으로 진행하는데, 내가 초대한 친구가 회원가입 및 구매할 때 각각 포인트를 지급하고 최대 100만 포인트까지 누적 적립될 수 있다는 혜택을 보여준다. 이를 통해 친구를 데려오는 것이 나에게도 매우 유리하다는 생각을 심어준다. 또한 고객이 친구를 얼마나 초대했는지를 전광판처럼 볼수 있게 '나의 친구 초대 현황'을 보여주고 친구가 가입했는지 첫 구매가 이루어졌는지를 확인할 수 있게 함으로써 추가 세일즈까지 유도한다.

오늘의집 추천 단계_친구 초대

다른 사람의 리뷰를 통한 추천

고객에게 리뷰를 작성하도록 유도하는 행위는 잠재 고객 유치에 매우 중요한 마케팅 활동이다. 요즘 소비자는 리뷰가 전혀 없는 제품을 구매하는 것을 꺼려하며, 리뷰가 좋지 않은 경우에도 구매를 망설인다. 즉, 다른 사람들이 이 제품을 구매했는지, 구매했다면 어떤 경험을 가지고 있는지를 확인하고 구매하는 경우가 훨씬 많아졌다는 의미다. 오늘의집에서는 텍스트 리뷰, 포토 리뷰, 영상 리뷰에 따라 적립금을 다르게 지급함으로써 좀 더 강력하고 상세한 리뷰를 작성하도록 유도한다.

오늘의집 추천 단계_리뷰 작성 유도

큐레이팅을 통한 추천

마지막 추천 마케팅 전략은 큐레이터 기능이다. 이는 쿠팡에서도 진행하는 마케팅 전략인데, 아주 심플하게 표현하면 다단계와도 유사한 방식으로 어 필리에이트 마케팅affiliate marketing(제휴 마케팅)이라고도 한다. 오늘의집의 큐레이터가 마음에 드는 제품이나 콘텐츠를 개인 SNS에 올리고, 해당 콘텐 츠 링크를 통해 다른 사람의 구매가 이어질 경우 총 판매 금액의 2%가량이 적립된다. 마찬가지로 쿠팡에서도 고객이 지인에게 제품 링크를 전송하고, 지인이 해당 링크로 제품을 구매하면 고객에게 리워드를 제공한다.

이는 인플루언서 마케팅에서 자주 활용하던 방식인데, 개인화된 URL 링크 를 부여함으로써 해당 링크로 유입된 사용자에 대한 리워드를 지급하는 방 식이다. 고객들이 오늘의집 영업을 대신해주는 것이니, 이에 대한 수수료를 리워드로 제공하는 전략이라 보면 된다.

오늘의집 추천 단계_큐레이터 신청

5단계 수익

이번에는 AARRR 모델의 마지막 단계인 매출을 살펴보자. 매출 단계에서는 보통 구매전환율, 객단가, 전환가치 등 다양한 성과지표를 측정하는데, 오늘의집은 커뮤니티 특성상 콘텐츠와 커머스 간의 연계 관계를 추가적으로 살펴보는 것으로 보인다. 이는 고객의 구매 경로가 콘텐츠를 보다가 이미지 내 플러스 아이콘을 클릭해 상품 페이지로 이동하거나, 유저의 스타일 사진을 보다가 구매로 이어지는 경우가 많기 때문이다.

이를 플로차트로 그려보면 다음과 같다. 매출로 이어지는 고객의 구매여정은 플로차트와 같이 복잡한 단계로 이어질 수도 있고, 외부 콘텐츠를 보고 들어와 즉시 구매로 이어질 수도 있다. 고객에 따라 구매하기까지의 여정은 다르지만, 기본적인 흐름을 도식화하여 고객구매여정을 분석하고 이탈 포인트를 체크하는 데에서 전략을 구상할 수 있다. 다음 이미지를 참고하자.

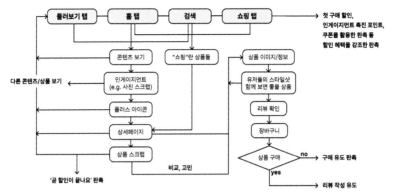

플러보기 탭 → 홈 탭 → 검색 → 쇼핑 탭 → 첫 구매 할인,
인게이지먼트 촉진 포인트,
쿠폰을 활용한 판촉 등
할인 혜택을 강조한 판촉

콘텐츠 보기 / "쇼핑"란 상품들 / 상품 이미지/정보

다른 콘텐츠/상품 보기 ← 인게이지먼트 (e.g. 사진 스크랩) / 유저들의 스타일샷 함께 보면 좋을 상품

플러스 아이콘 / 리뷰 확인

상세페이지 / 장바구니

상품 스크랩 / 상품 구매 — no → 구매 유도 판촉

'곧 할인이 끝나요' 판촉 / 비교, 고민 / yes → 리뷰 작성 유도

오늘의집 수익 단계_플로차트

더불어 CRM 마케팅을 고민하는 기업 내부의 담당자라면 앞서 보여준 바와 같이 AARRR 모델에서 단계별로 고객의 구매여정 지도를 그려보는 것을 추천한다.

오늘의집에서는 매출 극대화를 위해 플러스 아이콘을 적극 활용하거나 즉각적인 행동을 유도할 수 있는 다양한 기획전, 이벤트를 펼치고 있다. 2단계 활성화, 3단계 리텐션에서 플러스 아이콘이 콘텐츠와 커머스를 연결하는 주요 기능이라고 언급했듯이, 매출에 특히 강력한 영향을 미친다. 사실 사진 연결 기술이 없었다면 오늘의집은 커뮤니티 수준에서 머물렀을지도 모른다. 그러나 콘텐츠와 커머스를 연결하는 기술 덕분에 소비자들을 강력하게 록인하고 매출로도 이어지게 만들었다.

오늘의집 수익 단계_플러스 아이콘

매출 활성화를 위해 마케터는 보통 다음 이미지와 같이 직접적인 캠페인 메시지를 던진다. 구매전환을 위한 메시지는 직접적이고 강력하다. 대개 할인율이나 할인가가 높다든지 기간을 한정해 고객의 구매를 촉구한다.

오늘의집 수익 단계_구매전환 메시지

그리고 화면은 제약 없이 다양하게 활용하는데, 앱 내 슬라이드 팝업이나 별도의 기획전 페이지, 앱의 최상단 배너 공간을 활용할 뿐만 아니라 제품의 상세페이지에도 배너를 삽입해 구매를 유도한다. 다음 이미지처럼 상세페이지 하단에 눈에 띄는 빨간 배너 'BIG SALE'을 만들어 노출하는 것 역시 고객의 행동을 더욱 푸시하기 위한 매출 단계의 마케팅 전략이다.

오늘의집 수익 단계_배너

이외에도 회원가입 이후 첫 구매 시 할인 혜택을 제공하거나 구매 이후 리뷰를 작성하면 즉시 사용 가능한 적립금을 부여하는 등의 혜택을 지속적으로 노출함으로써 구매를 향한 여정을 종료할 수 있도록 단계별 마케팅 활동을 펼친다.

이렇게 하여 오늘의집 기업 사례를 AARRR 모델에 기반해 살펴봤다. CRM 마케팅을 준비하거나 진행 중인 기업의 담당자가 있다면 해당 사례를 참고해 실무에 적용해보기 바란다.

나는 지난 3년간 500개 이상의 스타트업을 대상으로 마케팅 및 브랜딩 멘토링을 해왔다. 스타트업 창업자와 마케팅 담당자를 만나 그들의 이야기를 들어보면 각자의 산업 분야와 비즈니스 모델, 성장 단계가 모두 다르다는 것을 알 수 있다. 온라인 검색 광고와 배너 광고에 주력하는 기업이 있는가 하면, SNS 마케팅을 통한 고객과의 소통을 강조하는 기업도 있다. 일부 기업은 처음부터 특정 고객층을 타깃으로 설정해 퍼포먼스 마케팅에만 집중하기도 한다.

이들이 하는 마케팅 활동들은 성장 단계와 비즈니스 모델에 따라 차이가 있음에도 불구하고, 모두 '고객'을 대상으로 한다는 공통점이 있다. B2B, B2C, B2G 등 어떤 비즈니스 구조라도 당사의 상품과 서비스를 구매하는 고객이 존재한다. 그리고 기업은 서비스를 홍보하는 방법과 장기적으로 고객을 유지하는 방법에 대해 끊임없이 고민한다.

10여 년 전까지만 해도 대부분의 기업은 고객을 깊이 이해하는 데 자원을 투자하지 않았다. 고객 데이터를 모아 분석할 수 있는 기술도 없었고, 좋은 제품을 만들면 고객이 저절로 찾아올 거라는 믿음이 강했다. 그러나 오늘날의 시장에는 유사한 제품이 넘쳐나고, 고객의 선택지가 확대되었으며, 고객 데이터를 관리하는 다양한 솔루션이 등장하면서 고객이 우리 제품을 발견하기까지 어떤 생각을 하고 어떤 여정을 거치는지에 주목하기 시작했다.

이제 기업은 우리 제품이 고객의 문제를 진정으로 해결하고 있는지, 서비스의 지속적인 이용을 장려하기 위해서는 어떤 활동이 필요한지를 고민한다. 그리고 이때 필요한 것이 고객의 입장에서 접근하는 CRM 마케팅이다. CRM 마케팅은 고객과의 장기적인 관계를 유지하기 위해 고객을 획득하는 경로부터 브랜드 로열티를 구축하는 단계까지, 각 단계에 필요한 소통을 정의하고 고객을 서비스에 머무르게 만든다.

일회성 구매자가 단골 고객으로 전환하면 기업에 상당한 영향을 미친다는 사실은 매출이 증명한다. 단골 고객 한 명의 가치는 신규 고객 여러 명의 가치를 웃돈다. 따라서 오늘날 기업들은 새로운 고객을 데려오기 위한 고객획득비용(CAC)에만 집중하는 것보다 고객을 유지하는 데 투자하고 고객생애가치(LTV)를 관리하는 것이 장기적 성장에 유리하다는 사실을 점점 더 인식하고 있다. 이에 따라 마케팅 영역도 신규 고객 유입을 위한 단편적인 활동에서 중장기 전략을 강조하는 브랜딩 관점으로 시야를 넓히는 추세다.

CRM 마케팅은 기업의 생존과 지속적인 성장을 위해 반드시 필요하다. 단 한 명의 고객을 단골로 만드는 것부터 시작해보길 바란다.